2019年主题出版重点出版物

“十三五”国家重点图书出版规划项目

绿色发展新理念

绿色乡村

生态环境部宣传教育中心◇主编

人民日报出版社

图书在版编目（CIP）数据

绿色发展新理念·绿色乡村 / 生态环境部宣传教育
中心主编. -- 北京：人民日报出版社, 2019.5
ISBN 978-7-5115-5762-9

Ⅰ.①绿… Ⅱ.①环… Ⅲ.①绿色经济—经济发展—
研究—中国 Ⅳ.①F124.5

中国版本图书馆CIP数据核字(2018)第288748号

书　　名：绿色发展新理念·绿色乡村
作　　者：生态环境部宣传教育中心

出 版 人：董　伟
责任编辑：袁兆英　刘晴晴
封面设计：邢海燕

出版发行：人民日报出版社
社　　址：北京金台西路2号
邮政编码：100733
发行热线：（010）65369509　65369527　65369846　65363528
邮购热线：（010）65369530　65363527
编辑热线：（010）65363105
网　　址：www.peopledailypress.com
经　　销：新华书店
印　　刷：大厂回族自治县彩虹印刷有限公司

开　　本：880mm × 1230mm　1/32
字　　数：161千字
印　　张：7
印　　次：2019年6月第1版　2019年10月第2次印刷

书　　号：ISBN 978-7-5115-5762-9
定　　价：39.00元

习近平谈生态文明

加快生态文明体制改革，建设美丽中国。

——党的十九大报告

生态文明建设是关系中华民族永续发展的根本大计。生态兴则文明兴，生态衰则文明衰。

——在全国生态环境保护大会上的重要讲话

2018年5月18日

我们要建设的现代化是人与自然和谐共生的现代化，既要创造更多物质财富和精神财富以满足人民日益增长的美好生活需要，也要提供更多优质生态产品以满足人民日益增长的优美生态环境需要。

——党的十九大报告

生态环境是关系党的使命宗旨的重大政治问题，也是关系民生的重大社会问题。

——在全国生态环境保护大会上的重要讲话

2018 年 5 月 18 日

我们既要绿水青山，也要金山银山。宁要绿水青山，不要金山银山，而且绿水青山就是金山银山。我们绝不能以牺牲生态环境为代价换取经济的一时发展。我们提出了建设生态文明、建设美丽中国的战略任务，给子孙留下天蓝、地绿、水净的美好家园。

——在哈萨克斯坦纳扎尔巴耶夫大学的讲演

2013 年 9 月 7 日

倡导简约适度、绿色低碳的生活方式，反对奢侈浪费和不合理消费，开展创建节约型机关、绿色家庭、绿色学校、绿色社区和绿色出行等行动。

——党的十九大报告

总　序

生态文明建设是关系中华民族永续发展的根本大计。党的十八大以来，以习近平同志为核心的党中央站在坚持和发展中国特色社会主义、实现中华民族伟大复兴中国梦的战略高度，把生态文明建设和生态环境保护摆在治国理政的重要位置，谋划开展了一系列根本性、开创性、长远性工作，推动生态文明建设从实践到认识发生历史性、转折性、全局性变化。

2018 年 5 月召开的全国生态环境保护大会正式确立了习近平生态文明思想，这是大会最大的亮点，是标志性、创新性、战略性的重大理论成果。习近平生态文明思想内涵十分丰富，集中体现为生态兴则文明兴、生态衰则文明衰的深邃历史观，人与自然和谐共生的科学自然观，绿水青山就是金山银山的绿色发展观，良好生态环境是最普惠的民生福祉的基本民生观，山水林田湖草是生命共同体的整体系统观，用最严格制度保护生态环境的严密法治观，全社会共同建设美丽中国的全民行动观，共谋全球生态文明建设的共赢全球观。习近平生态文明思想是习近平新时代中国特色社会主义思想的重要组成部分，深刻回答了“为什么建设生态文明、建设什么样的生态文明、怎样建设生态文明”等重大理论和实践问题。

做好新时代生态环境保护工作，最根本的就是要深入学习贯彻习近平生态文明思想和全国生态环境保护大会精神。习近平总书记在全国生态环境保护大会上强调，要自觉把经济社会发展同生态文明建设统筹起来，加快形成绿色发展方式和生活方式。在2018年中央经济工作会议上，总书记将加快绿色发展作为我国重要战略机遇期的新内涵。党的十九大报告特别指出，我们要建设的现代化是人与自然和谐共生的现代化，既要创造更多物质财富和精神财富以满足人民日益增长的美好生活需要，也要提供更多优质生态产品以满足人民日益增长的优美生态环境需要。

推进绿色发展是实现人与自然和谐共生的必由之路。党的十九大报告指出，要加快建立绿色生产和消费的法律制度和政策导向，建立健全绿色低碳循环发展的经济体系。构建市场导向的绿色技术创新体系，发展绿色金融，壮大节能环保产业、清洁生产产业、清洁能源产业。推进能源生产和消费革命，构建清洁低碳、安全高效的能源体系。推进资源全面节约和循环利用，实施国家节水行动，降低能耗、物耗，实现生产系统和生活系统循环链接。倡导简约适度、绿色低碳的生活方式，反对奢侈浪费和不合理消费，开展创建节约型机关、绿色家庭、绿色学校、绿色社区和绿色出行等行动。我们要坚定不移贯彻绿色发展理念，进一步发挥生态环境保护的倒逼作用，加快推动经济结构转型升级、新旧动能接续转换，在高质量发展中实现高水平保护、在高水平保护中促进高质量发展。

如何把绿色发展方式和生活方式的新理念贯穿到中小学、大学、社区、家庭、乡村、企业、机关，让更多的人选择绿色出行、绿色消费，了解绿色学习中心、绿色建筑、绿色供应链，是我们在新时代践行绿色发展需要大力解决的实际问题。为此生态环境部宣传教育中心组织了有关部属单位以及清华大学、北京师范大学、首都师范大学、北京教育科学研究院、北京市环境保护宣传中心、江苏省环境保护宣传教育中心、中环联合（北京）认证中心有限公司、公众与环境研究中心（IPE）等机构的数十位专家及学者共同编写了这套“绿色发展新理念·建设美丽中国”系列丛书。

“绿色发展新理念·建设美丽中国”系列丛书包括《绿色发展新理念·绿色乡村》《绿色发展新理念·绿色学校》《绿色发展新理念·绿色家庭》《绿色发展新理念·绿色机关》《绿色发展新理念·绿色企业》《绿色发展新理念·绿色大学》《绿色发展新理念·绿色消费》《绿色发展新理念·绿色建筑》《绿色发展新理念·绿色供应链》《绿色发展新理念·绿色学习中心》《绿色发展新理念·绿色出行》《绿色发展新理念·绿色社区》，共计12册。本套丛书旨在全面落实习近平生态文明思想和全国生态环境保护大会精神，推动形成绿色发展方式和生活方式，提高社会公民，尤其是基层干部、教育工作者、社区和企事业单位管理者对绿色发展的理解，并为其提供可操作性强的实践方法，激发全社会践行绿色发展的自觉性和主动性。

本套丛书的编写人员“术业有专攻”，在深入学习领会习近平生态文明思想和全国生态环境保护大会精神，以及广泛参阅文献的基础上结合相关实践经验编写完成。本套丛书的亮点在于不仅展现了我国生态文明建设的最新成果，还详细列举了许多国内外的成功经验与做法，内容科学准确，可以作为各个领域特别是干部和公众进一步深入学习贯彻习近平生态文明思想的操作指南，具有较强的可读性和借鉴意义。

曲格平

2019年3月于北京

前　言

党的十九大报告指出，要形成绿色发展方式和生活方式，实施乡村振兴战略，体现了党中央对三农问题的高度重视，体现了习近平总书记浓浓的三农情怀。绿色乡村建设迎来了前所未有的历史契机。为推动农村生态文明建设，生态环境部宣传教育中心主编了“绿色发展新理念·建设美丽中国”系列丛书，我们有幸参与编写了《绿色乡村》，作为丛书的一册。

相对于城市和工业环境保护，我国农业和农村环境保护还相对滞后，农业农村生态环境问题日益凸显。主要表现为农村生活污水普遍直接排放，生活垃圾乱扔乱堆乱倒乱烧，畜禽粪污、秸秆等农业副产物资源化水平低、严重污染环境。这些，都与全面建成小康社会的要求和广大农民的期盼还有很大差距，是全面建成小康社会的突出短板。

本书从我国农业农村环境监管现状、农村生活污水、垃圾处理、畜禽粪污治理和资源化、生态和有机农业建设、农业投入品环境污染现状与对策、国内外绿色乡村建设案例与技术模式、农村生态示范创建及传统村落保护等入手，就解决我国当前突出农村环境问题的思路和对策进行了探讨，并提供了一些成功案例。

本书着眼于操作性和实用性，重点介绍现治理实用技术和模式，以方便读者能对号入座、对症下药，根据实际情况选取合适的治理方式。所举案例既包括习近平总书记首次提出“绿水青山就是金山银山”重要思想的浙江省安吉县余村这样明星村的经验，也包括摸索形成“粪涌钱进”畜禽粪污治理模式的四川邛崃这样迄今还默默无闻的县市区的做法。当然，也还有像广西南流江“截污建池、收运还田”低成本快速度实现粪污治理等颇具特色的治理案例还没能收录书中。希望这些案例能成为“他山之石”，帮助读者开阔眼界、启发思路、融会贯通、提振信心、创新方式，想出更多办法和实招解决问题。

孔源同志负责全书的组稿，马宇飞同志承担了主要的统稿、修订和第一、二章及第九章部分内容的编写，卜元卿同志负责编写第八章，王波同志负责编写第四、十一、十二章，李华东同志负责编写第十三章，郭建斌、乔玮同志负责编写第六章，张龙江同志负责编写第三章，席运官、张弛同志负责编写第七章，吴娜伟同志负责编写第五章大部分内容，贾小梅同志负责编写第十章，周盛兵、谭益强同志负责编写第九章；董仁杰、李景明、李昌平、席运官、肖兴基同志为本书的成书提供了咨询和指导；尹海、惠朝旭、杨绍鹏同志提供了有关资料；袁轶、王亚男、曾红鹰、刘之杰、酆婧轩、张琳同志审阅、修订、整理了书稿有关内容，并为图书的出版付出了努力。美国环保协会北京代表处，也为本书出版提供了支持。这里，一并表示衷心的谢意。

农业农村的绿色发展与我们每一个人息息相关。乡村，应该成为我们生活舒适的乐园、道德示范的家园、生态良好的田园、乡愁记忆的故园。美丽的乡村，应该让城市人回家，让年轻人眷恋，看得见青山绿水，留得住乡愁乡情。绿色乡村建设，任重道远。希望本书能够汇聚更多社会关注、凝集更多智慧和力量，为打好农业农村污染防治攻坚战，提高农业农村生态环境保护水平，发挥一点作用。

因时间仓促、水平有限，不妥之处，还请读者不吝批评指正。

孔源

2019 年 1 月

目录
Contents

第一章

党中央和习近平总书记关于绿色乡村建设的部署

农业农民农村问题对于全面建成小康社会至关重要，农业丰则基础强，农民富则国家盛，农村稳则社会安。农村建设一直备受党中央、国务院领导的关注，习近平总书记多次对农村问题提出部署和要求。

2013 年 7 月 22 日，习近平总书记来到进行城乡一体化试点的鄂州市长港镇峒山村考察时说，实现城乡一体化，建设美丽乡村，是要给乡亲们造福，不要把钱花在不必要的事情上，比如说“涂脂抹粉”，房子外面刷层白灰，一白遮百丑。不能大拆大建，特别是古村落要保护好。

2013 年 12 月 23 日至 24 日，中央农村工作会议指出，推进农村人居环境整治，继续推进社会主义新农村建设，为农民建设幸福家园和美丽乡村。

2015 年 1 月 20 日，习近平总书记在大理市湾桥镇古生村考察工作时强调，新农村建设一定要走符合农村实际的路子，遵循乡村自身发展规律，充分体现农村特点，注意乡土味道，保留乡村风貌，留得住青山绿水，记得住乡愁。

2016 年 4 月 25 日，习近平总书记在安徽省凤阳县小岗村主持召开农村改革座谈会上强调，中国要强农业必须强，中国要美农村必须美，中国要富农民必须富。要坚持把解决好“三农”问题作为全党工作重中之重，加大推进新形势下农村改革力度，加强城乡统筹，全面落实强农惠农富农政策，促进农业基础稳固、农村和谐稳定、农民安居乐业。

在党的十九大报告中，习近平总书记指出：实施乡村振兴战略。农业农村农民问题是关系国计民生的根本性问题，必须始终把解决好“三农”问题作为全党工作重中之重。要坚持农业农村优先发展，按照产业兴旺、生态宜居、乡风文明、治理有效、生活富裕的总要求，建立健全城乡融合发展体制机制和政策体系，加快推进农业农村现代化。

在建设生态文明方面，十九大报告指出，坚持人与自然和谐共生。建设生态文明是中华民族永续发展的千年大计。必须树立和践行绿水青山就是金山银山的理念，坚持节约资源和保护环境的基本国策，像对待生命一样对待生态环境，统筹山水林田湖草系统治理，实行最严格的生态环境保护制度，形成绿色发展方式和生活方式，坚定走生产发展、生活富裕、生态良好的文明发展道路，建设美丽中国，为人民创造良好生产生活环境，为全球生态安全做出贡献。

2017 年 12 月 28 日，习近平总书记在中央农村工作会议上指出，按照产业兴旺、生态宜居、乡风文明、治理有效、生活富裕的总要求，建立健全城乡融合发展体制机制和政策体系，统筹推进农村经济建设、政治建设、文化建设、社会建设、生态文明建设和党的建设，加快推进乡村治理体系和治理能力现代化，加快推进农业农村现代化，走中国特色社会主义乡村振兴道路，让农业成为有奔头的产业，让农民成为有吸引力的职业，让农村成为安居乐业的美丽家园。

2018年5月18日，习近平总书记在全国生态环境保护大会上强调，要持续开展农村人居环境整治行动，打造美丽乡村，为老百姓留住鸟语花香田园风光。

党中央、国务院关于农村和生态文明的部署和要求，为绿色乡村建设指明了方向，“产业兴旺、生态宜居、乡风文明、治理有效、生活富裕”是农村建设的总体要求，“绿水青山就是金山银山”的理念是建设绿色乡村的总遵循，“生产发展、生活富裕、生态良好”是建设绿色乡村的目标。

一是产业兴旺。农村产业不断发展壮大，传统种养殖业、农产品加工业持续发展，并不断转型升级，乡村旅游、农村电子商务等各种新业态不断涌现。

二是生态宜居。在改变村庄面貌，治理农村环境脏乱差，实现村容整洁的基础上，进一步实现天蓝地绿、山清水秀，人民生活更健康、更美好、更幸福。

三是治理有效。尊重和维护人民群众的政治权利，让人民群众当家做主。促进社会公平正义，形成良好的社会秩序，农民群众拥有更加充实、更有保障、更可持续的获得感、幸福感、安全感。

四是生活富裕。进一步提升农村居民生活水平、生活质量，在物质条件上更好地满足农村居民日益增长的美好生活的需要。

第二章

农业农村环境问题及监管工作进展

近年来，随着经济的快速发展，农业农村环境问题日益突出，危害水体和土壤，影响农村人居环境。为此，国家制定出台了一系列法规政策措施，农业农村环境逐步改善。

第一节　农业农村面临的环境问题

一、农业源污染类型及危害

1. 农业源污染类型

农业源污染主要来自养殖业和种植业。造成的污染包括水体和土壤污染以及生态破坏。

（1）养殖业污染形势严峻

畜禽养殖污染压力大。近年来，我国畜禽养殖业发展很快，同时，畜禽粪便污水产生量和排放量随之迅速增加。据全国第一次污染源普查公报，我国规模化畜禽养殖场 COD 排放量为 1268.26 万吨，占全国 41.9%，占农业源 96%；总氮排放量为 102.48 万吨，占全国 21.7%，占农业源 38%；总磷排放量为 16.04 万吨，占全国 37.7%，占农业源 56%。水产养殖污染形势堪忧。水产养殖过程中投放的饲料所含的氮、磷大约只有 9.1% 和 17.4% 被养殖的水产品种所吸收，其余的流失到水体中，加上残剩饲料和排泄物，对水体环境造成污染。第一次全国污染源普查公报显示，水产养殖业主要水污染物排放量为化学需氧量 55.83 万吨，总氮 8.21 万吨，总磷 1.56 万吨，铜 54.85 吨，锌 105.63 吨。此外，水产养殖中使用的各类化学药品和抗生素的残留物进一步污染了水域环境，破坏了原有生物栖息地，干扰了野生种群的繁衍和生存，减少了生物多样性。

（2）种植业污染不容乐观

种植业污染主要表现为农药、化肥不科学施用，以及农膜残留造成的污染。化肥施用多，利用率低。工信部资料显示，2016年，全国生产化肥折纯量7128.6万吨，因施用方式不当，化肥利用率低，只有35%左右被植物吸收，其余大部分未被利用的化肥养分通过径流的淋溶、吸附和侵蚀等方式进入环境，成为水体污染重要因素。

农药用量大，流失率高。我国农药使用量居世界第一，且使用量持续增长，工信部数据表明，2015年使用量达到178.30万吨。约70%的农药散落于环境中，对土壤、地表水、地下水环境造成污染。

农膜使用广，残留量大。2015年，我国农膜使用量突破260万吨，农膜残留率高达40%左右。

2. 农业源污染危害

大量流失的农药、化肥以及直接排放的畜禽粪便和污水，不仅造成了地表和地下水体污染，造成土壤甚至空气污染，还对食品和饮水安全甚至人体健康产生严重的影响。

（1）危及人体健康

农药作为人类有意使用的有毒化学品，广泛残留于环境中，对土壤、水环境质量及环境有益生物均会产生潜在危害，特别是具有环境激素效应的农药对生态系统和人类健康危害严重。目前确定的70种环境激素类有机污染物，有40种来自农药。具有环境激素效应的农药的毒性主要表现为：影响生殖功能，造成雌性化、腺体病变和后代生命力退化；引起动物脏腑器官功能和免疫功能下降；“三致”（致癌、致畸、致突变）作用，环境激素类化学品不仅直接损害人类健康，而且可造成许多野生动物的种群消亡引发地区生态危机。农药厂污染排放，以及贮存、运输、销售等环节的管理不当，都会导致农药污染。

未经处理的畜禽粪便、污水及畜禽养殖场排出的粉尘中带有大量的有害微生物，会传播疫病，不仅损害人体健康，同时影响畜禽养殖生产。规模化以下的养殖，尤其是在一些地区还普遍存在的人畜混居现象，严重恶化农村居住环境。长期受到畜禽恶臭气体的影响，会导致人神经系统、呼吸系统的疾病，甚至降低代谢机能和免疫功能。

（2）危及饮水安全

化肥的大量流失是目前水体富营养化的重要因素。化肥流失还会对地下水产生严重污染。化肥流失会使大量硝酸根离子进入地下水体，导致污染。我国地下水硝酸盐污染相当严重。据山东农科院对山东地区 410 口井的地下水的调研表明，70% 的水样为三类水质，面临较高的硝酸盐污染风险。磷肥的大量施用， 会引起地下水中镉离子等的升高。钾肥的使用会使地下水的化学类型复杂化。

大量未经处理的畜禽养殖粪便、污水也带来了严重的污染。其中大量的氮磷物质、添加剂、重金属、抗生素、洗涤剂等，都会严重污染水体和土壤。

（3）危及食品安全

施用田间的农药，部分吸附在植物体表，部分直接经由植物体表或经土壤、水和空气后被植物吸收都会对食品安全特性造成影响。性质稳定的农药（如有机氯农药）的施用及农药使用不当（如过量、过多次数、过分接近采收时间），都会造成农产品污染，危及食品安全。我国曾长期大量使用的六六六、滴滴涕等高残留的农药，使农产品普遍受污染，特别是在蔬菜、水果、茶叶等经济作物上过量施用化学氮肥，会造成硝酸盐污染。小白菜、大白菜、苋菜、空心菜、芹菜、包心菜等叶类蔬菜，生长期间易吸收硝酸态氮肥，如施用硝铵，绿叶蔬菜吸收的都是硝酸盐类离子，硝酸盐在动物体内经微生物的作用极易还原成亚硝酸盐，而亚硝酸盐是一种有毒物质，长时间过量摄入可导致中毒甚至引发癌症。

（4）危害土壤环境

化肥原料中，含有的重金属等有害成分会随施肥进入农田造成土壤污染。如镉会随磷肥施用进入土壤。长期过量施用磷肥会造成土壤镉污染。

大量施用化肥，而忽视补充土壤有机质，会导致土壤板结，土壤质量下降；有机质的缺乏进一步降低了土壤微生物活性，影响土地的生产力。

大量残留的农膜会影响土壤的物理性质，破坏土壤结构，妨碍作物根系生长和对水肥的吸收，导致作物减产。农膜中普遍存在增塑剂如邻苯二甲酸丁酯（DBP）和邻苯二甲酸异辛酯（DEHP），对作物和环境均会产生不良影响。

（5）造成大气污染

对于化肥、农药不科学施用对大气造成污染的危害也逐渐被人们认识。如施入土壤的过量氮肥，会产生氮氧化物释放到大气中，其中 N_2O 是重要的温室气体，可使臭氧层遭到破坏。一般认为，粉剂农药仅有 10% 会附着在植物体上，液体农药仅有 20% 的附着率，其余的飘散到空气中或者降落到地面，造成污染。

二、农村环境污染问题

2008年以来，原环境保护部、财政部大力实施“以奖促治”政策，指导各地深入推进农村环境综合整治，部分地区村庄人居环境得到明显改善。截至2015年底，中央财政共计安排315亿元，支持7.8万个村庄实施环境综合整治，1.4亿农村人口直接受益。但由于农村环境保护工作底子薄、基础差，呈现“繁杂、分散、无序、薄弱”的特征，农村环境状况与全面建成小康社会的要求仍有较大差距，尤其是贫困地区问题更加突出。

1. 部分地区农村水源地存在环境安全隐患

城乡饮用水水源地大多分布在农村地区，水源地环境安全关系到亿万群众的身体健康。2015年，原环境保护部联合水利部等部门，以“以奖促治”资金支持村庄为重点，抽样调查评估了水源地保护情况，结果显示，19.5%水源水质不达标（劣于Ⅲ类），38%农村饮用水水源地未划定保护区（或保护范围），49%未规范设置警示标志。

2. 农村生活污水和垃圾问题突出

我国农村环保基础设施建设总体滞后，长效管护机制不健全，生活污水和垃圾处理率偏低，是导致村镇环境“脏、乱、差”现象的主要原因，甚至“污水靠蒸发，垃圾靠风刮”。截至2015年，已开展环境综合整治的建制村仅占全国建制村总数的13%，仍有40%的建制村没有垃圾收集处理设施，78%的建制村未建设污水处理设施。此外，由于运行维护资金不落实、管护人员不足、规章制度不健全等原因，导致一些设施不能正常运行。

3. 农村地区工矿企业污染时有发生

随着我国工矿业供给侧结构性改革深入推进和环境准入门槛的提高，一些高污染、高能耗企业向农村地区转移趋势加剧。据《河南日报》报道，2014 年河南省环保厅多次接到群众举报，反映省内部分地区存在“十五小”“新五小”企业死灰复燃现象，这些企业严重污染环境，危害人民群众身体健康。2015 年，原环境保护部华东督查中心对山东临沂市部分钢铁、焦化企业现场检查时发现，一些企业存在偷排、漏排和环保设施不正常运行等环境违法行为；《中国经济周刊》记者在江西省赣州市定南县等地走访发现，非法经营小化工企业较多，成为东江源污染的重要来源之一。

第二节　农业农村环境监管工作进展

一、综合性法规和政策建设情况

1. 综合性法规建设情况

目前，我国已有多部法律法规对涉农业农村环境污染防治做出了规定。如新修订的《环境保护法》《水污染防治法》《农业法》等，国务院印发的文件也对农业农村污染防治提出了要求。

（1）新修订的《环境保护法》规定：

第四十九条，各级人民政府及其农业等有关部门和机构应当指导农业生产经营者科学种植和养殖，科学合理施用农药、化肥等农业投入品，科学处置农用薄膜、农作物秸秆等农业废弃物，防止农业面源污染。

禁止将不符合农用标准和环境保护标准的固体废物、废水施入农田。施用农药、化肥等农业投入品及进行灌溉，应当采取措施，防止重金属和其他有毒有害物质污染环境。

畜禽养殖场、养殖小区、定点屠宰企业等的选址、建设和管理应当符合有关法律法规规定。从事畜禽养殖和屠宰的单位和个人应当采取措施，对畜禽粪便、尸体和污水等废弃物进行科学处置，防止污染环境。

县级人民政府负责组织农村生活废弃物的处置工作。

第五十条 各级人民政府应当在财政预算中安排资金，支持农村饮用水水源地保护、生活污水和其他废弃物处理、畜禽养殖和屠宰污染防治、土壤污染防治和农村工矿污染治理等环境保护工作。

第五十一条 各级人民政府应当统筹城乡建设污水处理设施及配套管网，固体废物的收集、运输和处置等环境卫生设施，危险废物集中处置设施、场所以及其他环境保护公共设施，并保障其正常运行。

（2）2017年修订发布的《水污染防治法》该法第四章第四节“农业和农村水污染防治”对农业面源污染防治做出了具体的规定。第五十三条，制定化肥、农药等产品的质量标准和使用标准，应当适应水环境保护要求。第五十四条，使用农药，应当符合国家有关农药安全使用的规定和标准。运输、存贮农药和处置过期失效农药，应当加强管理，防止造成水污染。第五十五条，县级以上地方人民政府农业主管部门和其他有关部门，应当采取措施，指导农业生产者科学、合理地施用化肥和农药，推广测土配方施肥技术和高效低毒低残留农药，控制化肥和农药的过量使用，防止造成水污染。第五十六条，国家支持畜禽养殖场、养殖小区建设畜禽粪便、废水的综合利用或者无害化处理设施。畜禽养殖场、养殖小区应当保证其畜禽粪便、废水的综合利用或者无害化处理设施正常运转，保证污水达标排放，防止污染水环境。畜禽散养密集区所在地县、乡级人民政府应当组织对畜禽粪便污水进行分户收集、集中处理利用。第五十七条，从事水产养殖应当保护水域生态环境，科学确定养殖密度，合理投饵和使用药物，防止污染水环境。第五十八条，农田灌溉用水应当符合相应的水质标准，防止污染土壤、地下水和农产品。禁止向农田灌溉渠道排放工业废水或者医疗污水。向农田灌溉渠道排放城镇污水以及未综合利用的畜禽养殖废水、农产品加工废水的，应当保证其下游最近的灌溉取水点的水质符合农田灌溉水质标准。

（3）《农业法》第五十八条，农民和农业生产经营组织应当保养耕地，合理使用化肥、农药、农用薄膜，增加使用有机肥料，采用先进技术，保护和提高地力，防止农用地的污染、破坏和地力衰退。

（4）2015 年，国务院印发的《水污染防治行动计划》要求：控制农业面源污染。制定实施全国农业面源污染综合防治方案。推广低毒、低残留农药使用补助试点经验，开展农作物病虫害绿色防控和统防统治。实行测土配方施肥，推广精准施肥技术和机具。完善高标准农田建设、土地开发整理等标准规范，明确环保要求，新建高标准农田要达到相关环保要求。敏感区域和大中型灌区，要利用现有沟、塘、窖等，配置水生植物群落、格栅和透水坝，建设生态沟渠、污水净化塘、地表径流集蓄池等设施，净化农田排水及地表径流。到 2020 年，测土配方施肥技术推广覆盖率达到 90% 以上，化肥利用率提高到 40% 以上，农作物病虫害统防统治覆盖率达到 40% 以上；京津冀、长三角、珠三角等区域提前一年完成。

调整种植业结构与布局。在缺水地区试行退地减水。地下水易受污染地区要优先种植需肥需药量低、环境效益突出的农作物。地表水过度开发和地下水超采问题较严重，且农业用水比重较大的甘肃、新疆（含新疆生产建设兵团）、河北、山东、河南等五省（区），要适当减少用水量较大的农作物种植面积，改种耐旱作物和经济林；2018 年底前，对 3300 万亩灌溉面积实施综合治理，退减水量 37 亿立方米以上。

加快农村环境综合整治。以县级行政区域为单元，实行农村污水处理统一规划、统一建设、统一管理，有条件的地区积极推进城镇污水处理设施和服务向农村延伸。深化“以奖促治”政策，实施农村清洁工程，开展河道清淤疏浚，推进农村环境连片整治。到2020年，新增完成环境综合整治的建制村13万个。

（5）2018年，生态环境部、农业农村部联合印发《农业农村污染治理攻坚战行动计划》，按照实施农村振兴战略的总要求，加快推进农村生活垃圾污水治理，加快农业面源污染治理，补齐农业农村生态环境保护突出短板，确保农业农村污染治理明显见效。

2. 农业源污染防治方面的政策法规

2013年，国务院发布《畜禽规模养殖污染防治条例》，要求推动畜禽养殖业从加强科学规划布局、适度规模化集约化发展、加强环保设施建设、推进种养结合、提高废弃物利用率入手，提高畜禽养殖业可持续发展能力，提升产业发展水平，提升产业综合效益。

2017年5月，国务院办公厅印发《关于加快推进畜禽养殖废弃物资源化利用的意见》（国办发〔2017〕48号），明确要求建立科学规范、权责清晰、约束有力的制度体系，完善企业投入为主、政府适当支持、社会资本积极参与的运营机制，构建以地养畜、农牧结合、绿色种养的发展机制，为加快畜禽废弃物资源化利用提供了强有力的制度、政策和机制支撑。

2018年12月，国务院办公厅《关于印发“无废城市”建设试点工作方案的通知》要求，推行农业绿色生产，促进主要农业废弃物全量利用。以规模养殖场为重点，以建立种养循环发展机制为核心，逐步实现畜禽粪污就近就地综合利用。在肉牛、羊和家禽等养殖场鼓励采用固体粪便堆肥或建立集中处置中心生产有机肥，在生猪和奶牛等养殖场推广快速低排放的固体粪便堆肥技术、粪便垫料回用和水肥一体化施用技术，加强二次污染管控。推广“果沼畜”“菜沼畜”“茶沼畜”等畜禽粪污综合利用、种养循环的多种生态农业技术模式。到2020年，规模养殖场粪污处理设施装备配套率达到95%以上，畜禽粪污综合利用率达到75%以上。以收集、利用等环节为重点，坚持因地制宜、农用优先、就地就近原则，推动区域农作物秸秆全量利用。以秸秆就地还田，生产秸秆有机肥、优质粗饲料产品、固化成型燃料、沼气或生物天然气、食用菌基料和育秧、育苗基料，生产秸秆板材和墙体材料为主要技术路线，建立肥料化、饲料化、燃料化、基料化、原料化等多途径利用模式。到2020年，秸秆综合利用率达到85%以上。以回收、处理等环节为重点，提升废旧农膜及农药包装废弃物再利用水平。建立政府引导、企业主体、农户参与的回收利用体系。推广一膜多用、行间覆盖等技术，减少地膜使用。推广应用标准地膜，禁止生产和使用厚度低于0.01毫米的地膜。有条件的城市，将地膜回收作为生产全程机械化的必要环节，全面推进机械化回收。到2020年，重点用膜区当季地膜回收率达到80%以上。按照“谁购买谁交回、谁销售谁收集”原则，探索建立农药包装废弃物回收奖励或使用者押金返还等制度，对农药包装废弃物实施无害化处理。

3. 农村环境污染防治方面的政策

2014年，国务院办公厅印发《关于改善农村人居环境的指导意见》，提出编制村庄规划，确定整治重点，保障基本生活条件，大力开展村庄环境整治，稳步推进宜居乡村建设。

2015年，住房城乡建设部、原环境保护部等10部门，印发《关于全面推进农村垃圾治理的指导意见》，提出建立村庄保洁制度、推进源头减量、全面治理生活垃圾，推进农业生产废弃物资源化利用等主要任务。

2018 年 2 月，中共中央、国务院印发《关于实施乡村振兴战略的意见》，中共中央办公厅、国务院办公厅印发《农村人居环境整治三年行动方案》均提出以建设美丽宜居村庄为导向，以农村垃圾、污水治理和村容村貌提升为主攻方向，动员各方力量，整合各种资源，强化各项举措，加快补齐农村人居环境突出短板。

二、监管工作不断加强

1. 农业环境监管进展

（1）农药、化肥、农膜使用环境安全监管开始起步

我国现行的农用化学品管理体制，如对农药生产施行登记评审制度，在产品生产许可环节提出了环境保护要求。原环境保护部于 2010 年颁布的《农药使用环境安全技术导则》《化肥使用环境安全技术导则》，对指导农民科学使用化肥农药起到积极作用。

为减少农药、化肥、农膜的污染，农业部大力开展测土配方施肥、精准化施肥，普及推广测土配方施肥技术，控制化肥过量不合理使用，减少化肥流失污染。加快高效节药植保器械和生物农药研发，应用高效、低毒、低残留农药新品种，推广低容量喷雾技术和生物防治技术，起到了积极作用。

（2）有机农业得到一定发展

1988 年，原国家环境保护局农村生态研究室开始进行有机食品的

科学研究工作，并且成为国际有机农业运动联盟（IFOAM）正式认可的会员。1994 年 10 月，国家环境保护局（现为生态环境部）南京环境科学研究所正式成立有机食品发展中心，我国的有机食品开发才走向正规化。有机农业具有明显的环境效益。有机农业要求充分利用秸秆、粪便等农业废弃物，减少废弃物的污染；不使用化学合成肥料、农药，减少了农药残留、流失和化肥流失造成的面源污染，提高农产品安全性的同时，还有效保护了农田及其他生态系统的生物多样性。此外，还省去了制造、运输化肥、农药所产生的能耗，据国际有机农业运动联盟测算，有机农业可以减少单位农田面积 30% ~ 70% 的能源消耗。近年来，随着食品安全和环境保护日益受到重视和关注，越来越多的人认识到了发展有机食品的重要意义，增长趋势明显。我国获证产品已超过 20 大类，约 500 个品种，主要种类是粮食、水果、蔬菜、茶叶、蜂蜜、油料、坚果和水产品、中草药等。目前，全球已有 87 个国家或地区建立了本国或地区有机产品标准，有 172 个国家或地区从事有机产品生产，认证土地面积 4370 万公顷，是 1999 年的 4 倍（FiBL 数据）。截至 2017 年 10 月，我国有机产品认证有效证书 17044 张，在境外颁发 337 张证书。有机作物种植面积超过 100 万公顷，野生采集面积超过 60 万公顷，有机农业生产每年至少可减少化肥用量 36 万吨，减少农药用量 2.3 万吨。有机食品的快速发展有效促进了农业面源污染的防控，也为社会提供了更多优质生态产品。

（3）秸秆综合利用水平有所提升

农业部数据表明，2015 年，我国秸秆肥料化利用量为 3.9 亿吨，占可收集资源量的 43.2%；秸秆饲料化利用量 1.7 亿吨，占可收集资源量的 18.8%；秸秆基料化利用量 0.4 亿吨，占可收集资源量的 4.0%；

秸秆燃料化利用量1.0亿吨，占可收集资源量的11.4%；秸秆原料化利用量0.2亿吨，占可收集资源量的2.7%。

2. 农村环境保护工作进展

近年来，原环境保护部、财政部认真落实党中央、国务院关于农村环境保护工作的决策部署，不断深化“以奖促治”政策，强化组织领导，注重规划引领，加大监督考核，指导和推动各地开展农村环境综合整治。地方各级政府和相关部门创新体制机制，完善政策措施，狠抓项目建设和管理，农村环境综合整治取得明显成效。

（1）一大批农村突出环境问题得到解决。截至2015年底，中央财政累计安排农村环保专项资金（农村节能减排资金）315亿元，支持全国7.8万个建制村开展环境综合整治，占全国建制村总数的13%。各地设置饮用水水源防护设施3800多公里，拆除饮用水水源地排污口3400多处；建成生活垃圾收集、转运、处理设施450多万个（辆），生活污水处理设施24.8万套，畜禽养殖污染治理设施14万套，生活垃圾、生活污水和畜禽粪便年处理量分别达2770万吨、7亿吨和3040多万吨，化学需氧和氨氮年减排量分别达95万吨和7万吨。整治后的村庄环境“脏乱差”问题得到有效解决，环境面貌焕然一新。通过实施“以奖促治”政策，带动相关部门和地方加大农村环境整治力度，目前，全国60%的建制村生活垃圾得到处理，22%的建制村生活污水得到处理，畜禽养殖废弃物综合利用率近60%。

（2）农村环保体制机制逐步建立。出台了一系列农村环保政策和技术文件，国务院办公厅印发《关于改善农村人居环境的指导意见》，原环境保护部、财政部等部门制定实施《全国农村环境综合整治“十二五”规划》《关于加强“以奖促治”农村环境基础设施运行管理的意见》《中央农村节能减排资金使用管理办法》《培育发展农业面源污染治理、农村污水垃圾处理市场主体方案》。原环境保护部发布了有关农村生活污染防治、饮用水水源地环境保护等技术指南和规范。全国2/3以上的省份建立了农村环保工作推进机制，成立领导小组，出台加强农村环境保护的意见，制定规划或实施方案，明确农村环境保护目标任务和措施。在中央财政资金引导下，有关地方按照“渠道不乱、用途不变、统筹安排、形成合力”的原则，整合相关涉农资金，集中投向农村环境整治区域，提高村庄环境整治成效。

（3）农村环境监管能力得到提升。基层环保机构和队伍得到加强，2014年全国乡镇环保机构数量2968个，约占全国乡镇总数的10%，比2010年的1892个增加了60%；乡镇环保机构人员11900多人，比2010年的7100多人增加了68%。推进环境监测、执法、宣传“三下乡”。原环境保护部出台了《关于加强农村环境监测工作的指导意见》，开展农村环境质量监测试点工作，累计监测村庄数量约5200村次。开展农村集中式饮用水水源地保护、生活垃圾和污水处理、秸秆焚烧、畜禽养殖污染防治等专项执法检查行动。采取多种形式宣传农村环保政策、工作进展和典型经验，普及农村环保知识，农民环保意识得到提升。累计举办14期全国乡镇领导干部农村环保培训班，共有1400多名乡镇领导干部和地方环保管理人员参加培训，农村环境管理能力和项目实施水平得到提高。

（4）农村环保惠农取得积极成效。各地结合农村环境综合整治工作，积极推广化肥农药减量控害增效技术，发展清洁、循环、生态的种养模式，推进农作物秸秆、畜禽粪便等农村有机废弃物综合利用，发展农家乐和乡村旅游，促进了环境保护、农业增产、农民增收的共赢。筛选推广农村环保实用技术，鼓励高校、科研院所、企业参与治理工程设计、项目建设和运行维护，带动了环保产业的发展。农村环境综合整治有力促进了生态乡镇、生态村建设，使示范地区环境质量不断改善，农村经济快速发展，党群关系、干群关系更加融洽。目前，全国已有 4590 多个国家级生态乡镇，成为当地经济、社会与环境协调发展的典范，夯实了农村生态文明建设的基础。

第三章

农村生活污水治理

农村生活污水处理是改善农村人居环境、提高农村居民生活水平的重要内容，也是农村现代化的重要标志。目前各地开展了农村污水处理技术的探索与实践，建设了一批农村生活污水处理设施，有力改变了部分农村地区污水横流的现象，为农村生态文明建设打下了坚实基础。

第一节　农村生活污水治理模式

一、农村生活污水特点及治理原则

农村生活污水主要来源于厨房炊事、淋浴、洗涤和厕所冲洗，因其含有大量的营养盐及细菌、病毒等，容易造成地表水和地下水污染。农村生活污水的特点是：分布广而散，成分相对简单，水质水量波动性大，污水排放呈不连续状态，早晚比白天大，部分没有排水管网。由于农村经济基础相对薄弱，用于水污染的控制经费不多，处理设施运营缺乏完善的资金来源，污水处理工艺受到地理环境、气候、地形条件、当地经济发展水平等制约。

因此，农村生活污水处理应遵循以下原则：

（1）因地制宜选取处理模式。农村生活污水处理不能拘泥于一种或几种模式，关键要根据不同地区农村的功能、人口、地质特点、气候、排放要求和经济水平等，通过技术经济比较和分析，因地制宜地选用简单、经济、有效的处理技术。

（2）维护管理简单。农村宜选用维护需求量小，日常管理简单的处理技术。

（3）运行费用低廉。在可以满足排放标准的前提下，应尽可能选用微动力甚至无动力处理系统，尽可能采用生态处理，做到污水处理能耗最小化。

（4）工艺流程简单。农村生活污水处理设施规模小，其工艺流程不能太过复杂，要尽量减少工艺环节，便于运行管理。

二、农村生活污水处理模式

1. 分散处理模式

分散处理模式是将单户或多户农户污水进行收集，采用无动力的厌氧生物—生态工艺进行处理。适用于农村布局分散、规模较小、地形条件复杂、污水不易集中收集的农村污水处理。实际建设当中可依居住集中程度、地势条件、土地利用率等具体情况分为单户、联户、多户等不同的方式加以处理，一方面提高土地的集约利用率，另一方面可以节省投资。

此模式的优点是分户设置灵活，在工艺上采用无动力的处理方式，除定期的清掏渣泥，保持水路畅通外基本不需要另外的运行管理，如地势符合要求基本无运行费用，湿地工艺的景观效果也较好；缺点是需占用一定面积的土地，污水处理效果与进水浓度、湿地植物完整性等相关。

2. 相对集中处理模式

相对集中处理模式是将某一区域内农户产生的污水集中收集，统一建设不消耗动力或微动力的相对集中处理设施。污水处理采用厌氧生物—好氧生物—生态处理工艺形式。适用于农村布局相对密集、规模较大、经济条件好、村镇企业或旅游业发达、位于水源保护区内的农村污水处理。

此模式的优点是采用集中收集处理生活污水，投资成本相对较低，且在工艺上采用有动力的处理方式，其占地面积小，处理效果有保证，便于监督管理；缺点是日常运行费用较无动力工艺高，其机械设备需要专人定期维护，操作运行需要一定的专业知识。

3. 进污水处理厂处理模式

进污水处理厂处理模式是农村内所有农户污水经污水管道集中收集后，接入邻近的市政污水管网，利用城镇污水处理厂统一处理。该处理模式具有投资省、施工周期短、见效快、管理统一等特点。适用于距离市政污水管网较近，且村庄内污水方便收集并纳入收集管网主干管的农村污水处理。

此模式的优点是污水纳入县级污水处理厂或乡镇污水处理厂集中处置，后期的设施运行维护和出水排放都不需村里考虑；缺点是管道的铺设必不可少，并可能在辖区内设置提升泵站等设施，污水处理厂后期将会对村民收取相应的污水处理费用。

第二节　农村生活污水处理典型技术

近年来，农村生活污水处理工艺各异，农村污水处理实用技术包括化粪池、污水净化沼气池、普通曝气池、氧化沟、生物接触氧化池、人工湿地和稳定塘等。根据受纳水体功能要求，结合农村地区经济状况、基础设施、自然环境条件完备情况和排水去向等，因地制宜地选择适合当地自然条件、技术水平和经济条件的工艺，优先选用工程造价低、运行费用少、运行维护简单方便、出水水质稳定达标、适合当地农村特点的生活污水处理技术和工艺。

一、A/O+ 人工湿地

1. 工艺说明（见图 3–1）

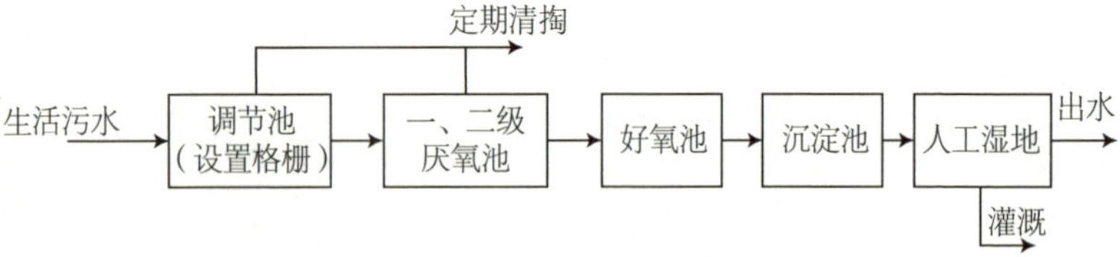

图 3–1　A/O+ 人工湿地工艺流程

农村生活污水处理中使用的 A/O 工艺通常指的是缺氧 / 好氧脱氮工艺（anoxic/oxic process），即污水经过缺氧、好氧交替状态处理，以提高总氮去除率的污水处理方法。A/O 工艺前段为缺氧池，后段为好氧池。好氧池的功能是降解有机物和进行硝化反应；缺氧池的功能是反硝化，当生物反应池中含有大量硝酸盐、亚硝酸盐并得到充足的有机物时，便可在缺氧池内进行脱氮反应。

污水经格栅去除大尺度杂物后进入调节池，调节水质水量。缺氧池（A）利用反硝化细菌在缺氧条件下进行反硝化，达到生物脱氮的目的，同时削减污水的有机污染物。好氧池（O）利用硝化细菌将氨氮氧化为硝酸盐氮，并利用其他好氧微生物将污水中的有机污染物氧化分解，使污水得到净化。沉淀池将活性污泥中的菌种和清水分离，菌种返回生化池循环使用，清水经排放口排放。该类污水处理系统出水还可进入人工湿地进行深度处理以获得更好的出水水质。剩余污泥排入调节池或专设的污泥池内进行消化减量，消化后的污泥定期抽吸外运处置。

2. 处理效果

出水水质可达到国家《城镇污水处理厂污染物排放标准》（GB18918-2002）中的一级 B 标准，脱氮效果显著。

3. 工艺特点及适用性

该工艺的优点：工艺成熟，运行稳定可靠；对污水水质及污水量的适应性强，各种规模均可采用，规模越大则运行费用越低；可自动运行，人工定期巡检；曝气系统通过自控也可间歇运行，降低运行成本；人工湿地作为辅助工艺单元，主要用于进一步去除污水中的氮磷等营养物，可美化环境；处理设施可采用地埋式钢筋混凝土结构，占地面积小。但是系统相对较复杂，设备多，维护管理要求高；土建工程量大，施工难度高，工期长；地埋式水池清理维护不便，须专业人士维护；水量大时，人工湿地占地面积过大，应用受限制。

适用于进水浓度较高，处理要求高的项目。地埋式 A/O 系统适用于处理规模 20~200 吨 / 日的污水处理项目；地上式 A/O 系统适用于处理规模在 200 吨 / 日以上的污水处理项目。

4. 典型案例——南京钱仓村生活污水处理工程

（1）工程概况

服务对象为该村集中居住区 150 户住户，服务人口约 520 人，设计水量 42m^3/d。工程于 2008 年 5 月建成并投入运行，污水处理设施总投资 9.6 万元，户均投资 640 元。无设备运行费。目前正常运行，效果良好，部分现状如图 3-2 所示。

（a）植物栽种初期　　（b）植物成熟期

图 3-2　南京钱仓村生活污水处理工程部分现场照片

（2）出水水质

出水水质达到《城镇污水处理厂污染物排放标准》（GB18918-2002）二级标准。

（3）主要技术经济指标

工艺对 COD、氨氮和总磷的去除率分别为 74%、63% 和 78%，排放水质优于《城镇污水处理厂污染物排放标准》（GB18918-2002）的二级标准。户均建设成本约为 800 ~ 1000 元。

二、脉冲多层复合滤料生物滤池 + 人工湿地

1. 工艺说明

该组合工艺由调节 / 缺氧池、脉冲生物滤池和潜流人工湿地三个处理单元组成。污水经过缺氧池降低有机物浓度后，由泵提升至脉冲多层复合滤池，与滤料上的微生物充分接触，进一步降低有机物，同时可自然充氧。滤后水部分回流反硝化处理，提高氮的去除率。其余流入人工湿地或生态净化塘进行后续处理，进一步去除氮磷。工艺中滤料为珍珠岩、废石膏等材料，可以除磷。工艺中水泵及生物滤池布水均可实现自动控制。有地势落差的村庄可利用自然地形落差滴滤，减少或不用水泵提升（见图 3-3）。

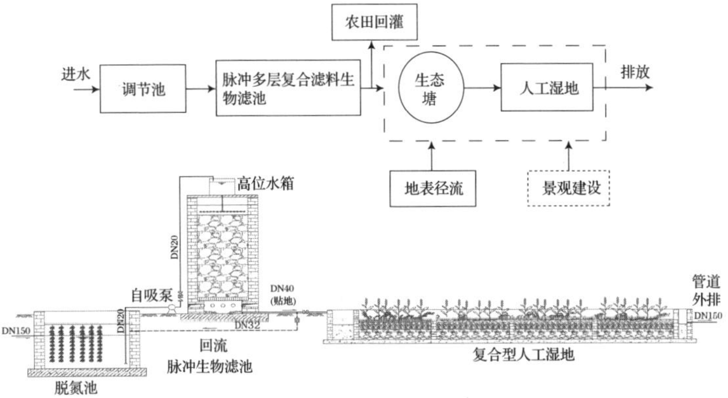

图 3-3　脉冲生物滤池 + 人工湿地工艺流程

2. 处理效果

出水水质可达到国家《城镇污水处理厂污染物排放标准》(GB18918-2002)中的一级B标准。

3. 技术特点及适用性

设备简单，投资低，能源消耗低（自然通风），成本和维护费用低。针对农村地区用水和排水间歇性明显，利用自动虹吸技术控制进水洒滴时间间隔，布水均匀性好。滤池出水部分回流至调节池/缺氧池，提高系统TN的去除率，同时加大生物滤池的水力负荷，对生物膜进行冲刷，促进生物膜的新陈代谢，及时冲下老化生物膜，避免滤池堵塞。人工湿地处理系统利用土壤截留、吸附以及植物吸收、微生物作用可继续完成对有机污染物和氮、磷的去除。

但是该工艺处理规模小，不宜大规模，水量适应性差。充氧效率较低，进水浓度不宜过高。滤料层易堵塞，进水悬浮物浓度不宜过高，须采取措施削减悬浮物。自然通风，冬季气温、水温状况，对处理效果有影响。夏季有可能有蚊蝇滋生、恶臭等二次污染。

适用于进水浓度较低的项目，特别是悬浮物浓度要低。处理规模不宜过高，不宜超过50吨/日，冬季气温及水温相对较高的地区。离居民区距离宜大于20～30米。

4. 工程实例——无锡市严巷村生活污水处理工程

（1）工程概况

服务对象为严巷村23户居民，服务人口约80人，设计水量7吨/

日。工程于 2008 年 5 月建成并投入运行，项目总投资 12.5 万（包括收集管网），其中污水处理设施直接投资 2.5 万元，设备运行费为 1 台泵的电费 0.15 元 / 立方米（见图 3-4）。

（a）无锡市湖埭镇严巷村污水处理装置

（b）脉冲生物滤池

（c）人工湿地

图 3-4　无锡市严巷村生活污水处理工程部分现场照片

（2）出水水质

出水水质可达到《城镇污水处理厂污染物排放标准》（GB18918-2002）一级 B 标准。

（3）主要技术经济指标

总氮平均去除率＞ 70%，总磷平均去除率＞ 80%，COD 平均去除率＞ 75%。

三、高负荷地下渗滤 + 人工湿地（见图 3-5）

1. 工艺说明

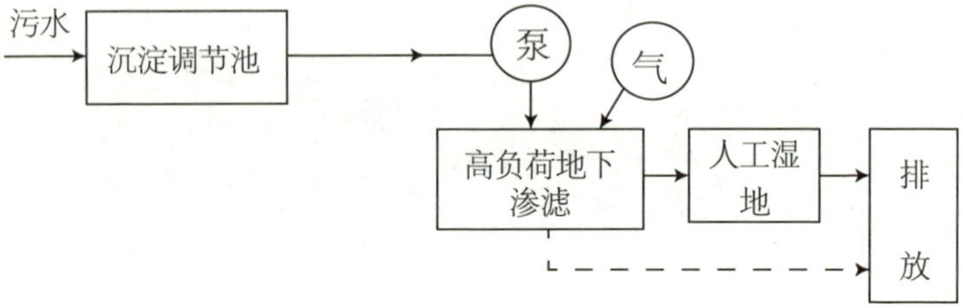

图 3-5　高负荷地下渗滤 + 人工湿地工艺

该工艺主要包括以下三个部分：

沉淀调节池：沉淀池主要用于去除污水中粒径较大、容易沉淀的悬浮颗粒物；水量调节池将一部分用水高峰时段排放的污水储存到用水量少的时段，使不同时段的污水处理量分配均匀。

高负荷地下生物滤池：是核心处理单元，其中的生物滤料设成多层结构，污水除了向下渗滤外，还有横向流和切线流，污染物通过物理拦截、化学吸附，最终依靠附着于填料表面的微生物分解和转化而去除。

垂直流人工湿地：利用植物及其根系微生物对地下渗滤出水进行深度处理，以进一步脱氮除磷。

2. 处理效果

出水水质可达到国家《城镇污水处理厂污染物排放标准》(GB18918-2002）中的一级 B 标准。

3. 工艺特点及适用性

高负荷地下生物滤池结合人工湿地，能耗低，该技术无损地面景观，受外界气温影响小。地下生物滤池滤料级配复杂。进水浓度不宜过高，悬浮物浓度要低，滤层防堵措施须加强。占地面积较大。

适用于进水浓度较低的项目，悬浮物浓度宜低，处理规模不宜过大，可用地较多的场合。

4. 典型案例——靖江市利民村高负荷地下渗滤污水处理工程

（1）工程概况

污水处理工程建于江苏省靖江市季市镇利民村，目的是用于处理村民的生活污水（包括厨房废水、洗涤废水和化粪池污水）。该处为利民村的一个规划集中居住区，该区目前的居住人口为98户，328人，规划居住人口为200余户，700～800人，所建污水处理站的设计处理能力为70吨/日，目前的实际处理量大约为30吨/日。该工程是江苏省建设厅农村生活污水示范工程项目，总投资32.2万元，其中污水处理站投资13万元，管网投资19.2万元。建设经费部分由江苏省建设厅提供（25万元），部分由地方政府自筹（见图3-6）。

图3-6　靖江市利民村高负荷地下渗滤污水处理现状

各家各户的生活污水通过地下管网收集到污水处理站，主管网总长度约 2400m，采用波纹管，管径 30cm，水力坡度 2.5‰，污水处理站的进水口埋深为 1.6m。

污水自流进入沉淀池，短暂沉淀后进入水量调节池，再通过泵提进入高负荷地下渗滤单元，其出水经过地下渗滤单元进行深度处理后排放，在洪涝季节则直接排放。提升泵的开启和关停受浮球液位器控制，动力通风则受时间控制器控制。

（2）工程运行

工程的运行维护由利民村村委会具体负责。由于系统无复杂设备，水泵和风机的开启和关停均自动控制，因此无须专职人员管理和维护。

（3）成本分析

系统运行的直接费用是抽水和通风所需电费，电价按 0.6 元 / 千瓦时计，抽水用电大约为 0.05 元 / 吨，通风用电为 0.004 元 / 吨，总计 0.054 元 / 吨。冬季需增加取暖用电，大约为 0.025 元 / 吨。运行费用由江苏省靖江市建设局提供。

（4）出水水质

根据对出水水质的监测结果，氨氮浓度小于 1.0mg/L，总氮浓度小于 5mg/L，总磷小于 0.5 mg/L。

四、MBR 膜处理

1. 工艺说明

MBR 一体化污水处理器由处理池和设备箱两大部分组成，前者埋于地下，后者设于地上。处理池内部分隔为调节池和生化池，调节池用于与总污水管道接驳，对污水进行贮存并均衡水量和水质，调节池内安装有污水提升泵，由污水提升泵将污水提升至生化池，生化池是污水净化的核心单元，内部生长有大量活性微生物，并有曝气器提供空气，微生物通过新陈代谢对污水中的各类污染物进行降解和转化，在生化池内浸没安装着膜组件，在出水泵提供的负压的作用下，净化后的水透过膜成为设备最终出水，微生物以及大分子物质则被膜截留在生化池内部（见图 3-7）。

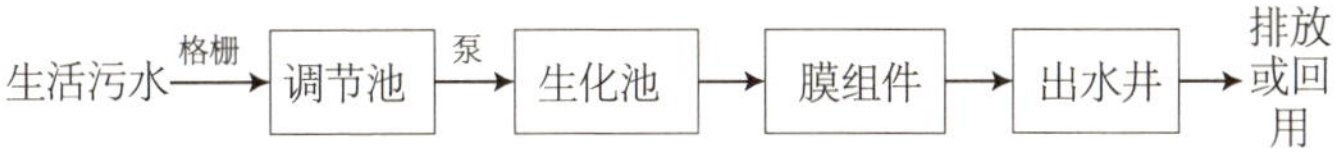

图 3-7　MBR 膜处理工艺流程

2. 处理效果

由于该技术以膜处理技术为核心，出水水质不仅稳定、可靠，其出水水质能达到国家《城镇污水处理厂污染物排放标准》（GB18918-2002）一级 A，脱氮除磷效果好，悬浮物浓度极低，可以作为优质的再生水予以回用。

3. 工艺特点及适用性

该技术出水质量高，工艺流程短，结构紧凑，大幅节省占地，耐冲击负荷，运行稳定且能耗低，剩余污泥极少，自动控制，运行维护简单，自动化程度高、外观美观大方。可以应用于那些对环境保护要求极为严格的旅游景区和水源保护地。

4. 典型案例——上海市青浦区练塘镇尤家泾村 MBR 膜处理工程

（1）工程概况

污水处理工程位于上海市青浦区练塘镇尤家泾村，设计处理规模为 50 吨 / 日，服务户数为 226 户，工程于 2014 年 4 月完工。

（2）工程运行

从运行情况来看，尤家泾村总体进水水量较平稳，污水处理站全年平均处理水量为 49.8 吨 / 日。在进水水质方面，COD 进水浓度较低，平均浓度为 103.2 mg/L，BOD 平均浓度为 44.7 mg/L，氨氮平均进水浓度为 21.4mg/L，总氮平均进水浓度为 24.6mg/L，总磷进水平均浓度为 2.52 mg/L。

（3）出水水质

污水处理站出水均能达到国家《城镇污水处理厂污染物排放标准》（GB18918-2002）一级 A 的排放标准。

（4）主要技术经济指标

COD 平均去除率为 80.8%，COD 平均去除率为 88%，氨氮平均去除率为 99%，总氮平均去除率为 54%，总磷平均去除率为 87%。

污水处理站的运行费用主要由电费、人工费、药剂费、污泥处置费等组成。运行费用为 0.572 元 / 吨，其中电费 0.47 元（按每度电 0.6 元计），药剂费 0.018 元，污泥处置费 0.04 元，人工费 0.044 元。

第四章

农村生活垃圾治理

农村生活垃圾为农村日常生活中或者为农村日常生活提供服务的活动中产生的固体废物，以及相关行政法规规定视为农村生活垃圾的固体废物，不包括村内企业、作坊产生的工业垃圾、农业生产产生的农业废弃物以及建筑垃圾、装潢垃圾和医疗垃圾等。

第一节　农村生活垃圾特性及分类

一、农村生活垃圾特性

我国农村生活垃圾的最主要成分是厨余 / 果皮（食品垃圾）及作物秸秆、树枝叶等构成的易腐有机垃圾，一般占 40%~50%。其次为灰渣、砖石等组成的无机垃圾，一般占 20%~40%，其中北方明显大于南方。归属于废品类的组分以纸类、金属、塑料、玻璃为主（占废品类的 80% 左右），总的比例为 15%~30%，但实际可回收（当地废品市场可交售）的比例相当低，仅占废品类的 5%~10%。

相较于城市垃圾，农村生活垃圾具有组分复杂、变化显著的特点，各地、甚至同一镇内各村的生活垃圾各组分的比例变化显著，有机质含量高、水分含量高、热值低。农村人均生活垃圾产量偏低，村庄的人均产生量为 0.5 $kg \cdot capita^{-1} \cdot d^{-1}$，由于居住分散，产生源分散，农村生活垃圾的收运成本高。

二、农村生活垃圾分类

农村生活垃圾产生源分散、收运成本高，农村垃圾分类与分流是垃圾源头减量、实现大部分农村生活垃圾就地处理，避免过高收运成本的最有效途径。农村生活垃圾的分类分拣，首先应由每户对自家垃圾进行分拣、分装。垃圾的分拣与分装应按照以下分类进行：

（1）可回收利用类垃圾：包括可出售的纸类、金属、塑料、玻璃等；

（2）渣土、砖瓦等惰性垃圾：主要包括煤灰、砖、瓦、石、土、陶瓷等；

（3）可生物降解的有机垃圾（可腐烂的垃圾）：主要包括剩饭剩菜，蛋壳果皮，菜帮菜叶以及落叶、秸秆、野草、人畜粪便等；

（4）家庭有毒有害垃圾：主要包括废电池、废日光灯管、废水银温度计、废弃电子产品、农药药瓶等；

（5）其余垃圾：指前四类生活垃圾单独收集后的剩余垃圾，主要包括各类包装废弃物、废弃生活物品以及其他日用品消费后产生的垃圾。

生活垃圾分类促进源头减量工作要按照“大分流、细分类”的要求，分门别类，规范投放，先分流、细分类。加强分类收集，规范分类运输、分类处置，通过大分流与细分类的有机结合降低生活垃圾的日常处置量。

2011年始，长沙市推行农村生活垃圾分类，实行“分开处置、分类回收、层层减量、分别消化”的垃圾分类方法，并制作了《长沙市农村生活垃圾分类手册》，将垃圾分为可回收垃圾、可堆沤垃圾、可焚烧垃圾、可填埋垃圾、有害垃圾五类。可回收垃圾包括纸类、金属、塑料等，可交由废品收购站回收；可堆沤垃圾包括剩饭剩菜、果皮等，可入沼气池或者堆肥处理；可焚烧垃圾包括厕纸、木屑、枯树枝树叶等，可就地焚烧处理；可填埋垃圾包括煤灰、砖瓦、陶瓷等，可堆放或者填塘铺路；有害垃圾包括废电池、日光管、农药瓶等要单独收集、定点安全处置。浏阳市三口镇每户配备3个垃圾桶，分别装可堆肥垃圾、可无害化处理垃圾、有毒有害垃圾，依据垃圾种类分别将其做堆沤、填埋、转运处理，实现垃圾分类减量，并成立全镇废品收购中心，收购可回收垃圾。长沙县白沙乡锡福村实行“分开处置、分类回收、层层减量、分别消化”的垃圾处理模式，实现垃圾减量率80%。

2014年以来，浙江省金华市积极推进农村生活垃圾分类和资源化利用，探索出“两次四分”的垃圾分类方法，首先由农户初分，即农户按能否腐烂为标准对垃圾进行一次分类，分成“会烂的”和“不会烂的”两类，由政府给农户发放标准化两格式或两个垃圾桶，分别放这两类垃圾。然后由保洁员再分，村保洁员在分类收集各户垃圾的基础上，进行二次分类，一方面，纠正农户分类中的错误；另一方面，对“不会烂的”垃圾再分“好卖的”“不好卖的”两类。保洁员利用两格式分类收集车将“会烂的”投入堆肥间堆肥，“不会烂的”中“好卖的”投入临时存放间贮存，金华市指定市供销再生资源有限公司对市场上不予以回收的废旧塑料、玻璃等进行“上门、定时、兜底”回收，费用归保洁员所有。既“不会烂”也“不好卖”的垃圾按户集村收镇运县处理，经乡镇转运后由县（市、区）统一处理。通过两次四分法，既解决了农户一次分类不到位的问题，又减少了需末端处理垃圾的总量，还实现了资源化利用。这种分类方法易学易用、易记易分，很接地气，适合农民特点，切合农村实际。澧浦镇后余村是全区试点村，过去每个月要外运垃圾6次，实施垃圾分类后减少到了每月1次。据金东区2015年8月至2016年8月实际测算，近70%的生活垃圾留在村里堆肥，10%~15%可以变卖。

第二节　农村生活垃圾处理模式

一、城乡一体化处理模式

该模式原则上适用于处于城市周边 20~30 公里范围以内、与城市间运输道路 60% 以上具有县级以上道路标准的村庄，生活垃圾通过户分类、村收集、乡 / 镇转运，纳入市 / 县垃圾处理系统。其他乡镇和村庄在完善配套乡镇垃圾转运系统后，宜采用该模式。

1. 处理模式

“村收集、镇转运、县（市）集中处理”城乡一体化处理流程见图 4–1。

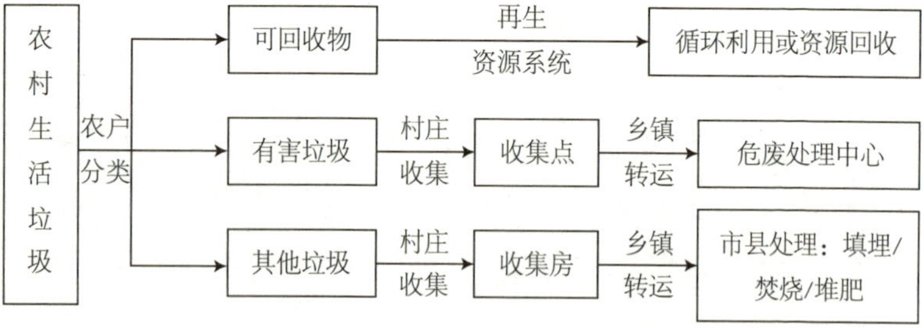

图 4–1　“村收集、镇转运、县（市）集中处理”城乡一体化处理流程

村收集：先由各户自行选出可回收废品（主要是报纸、聚酯塑料瓶、玻璃瓶、金属以及部分织物），将其余垃圾自行投放或由专人收集到固定的生活垃圾收集点。结合实际情况，每个行政村至少设置一个生活垃圾收集点。分布较散的村可以酌情设置数量、规模不等的生活垃圾收集点。每个村应建有密闭的垃圾屋或配备密闭的垃圾桶、手推车等垃圾收集工具。

镇转运：由镇环卫部门负责按时收集各个村的生活垃圾，用小型机动车将各个垃圾收集点的生活垃圾运至生活垃圾压缩站压缩处理后，运往生活垃圾处理设施进行处理处置。对于工厂或公路沿途的生活垃圾，可以派垃圾运输车辆上门或沿途收集之后，直接运往垃圾处理设施处置。镇环卫部门应配备适合近远期收运需求的车辆、工具，建设处理规模适当、符合相关建设要求的生活垃圾压缩转运站。

县（市）集中处理：由县（市）统筹安排，将镇产生的生活垃圾纳入城市垃圾综合填埋场或者垃圾焚烧场处理。

收集、运输、处理费用：建立县（市）、乡镇、村三级资金保障机制。村级承担垃圾收集费，乡镇保证专职队伍的运行费，区县财政承担部分建设资金和处理费。

2. 典型案例

南通市通州区县域总面积 1525.74 km^2，全区总人口 124 万人，全区镇级行政区总数 19 个，城镇化率 16.1%。

（1）村庄生活垃圾收集与运输

通州区村庄生活垃圾收集设施有单户收集容器、多户收集容器和村组集运点垃圾房两种。村组集运点垃圾房设置方式类似，主要设于村组主要道路沿线入口处，一般为加顶盖的构筑物，分为小型（见图

4−2（a））和大型（见图 4−2（b））两种。大型垃圾房的占地面积为 20~30m^3，根据所服务区域大小而定。

运输设备和设施包含单户收集容器至组集运点的村民组清运车、组集运点至镇中转站或处置点的村运输车及镇中转站。组清运车一般为人力板车，村运输车有三轮摩托和手扶拖拉机改装车等，中转站运输车辆为 8t 封闭式载重卡车。镇中转站通州区实现了全地区覆盖，采用机械装车、压缩式的转运工艺。通州区各镇中转站日转运能量为 450t 左右。

（2）处理设施

通州区目前没有生活垃圾终端处理设施，现状是将各中转站的压缩垃圾运至附近的如皋、如东两县垃圾焚烧厂进行处置。

（3）管理模式

配合城乡一体化进程，通州区建立了较为完善的农村生活垃圾管理体系。

通州区将农村生活垃圾集中收集处置管理工作与河道管护、农路管护、绿化管养、垃圾收集工作相结合，还与生态镇创建工作相联系，不仅在每个镇建立农村环境长效管理工作领导小组办公室，而且设立了集镇管理委员会办公室，并在相关镇派驻城关执法中队。除此之外，还有针对性地开展专项整治，清理暴露垃圾，清除卫生死角，规范生活垃圾收集点设置，使农村生活垃圾收集处置工作得到进一步规范。

通州在农村生活垃圾管理组织上的特点是建立了基层（村镇）的专业环境卫生队伍，形成了从城区向下延伸、相对完整的生活垃圾管理条线（见图 4−2）。

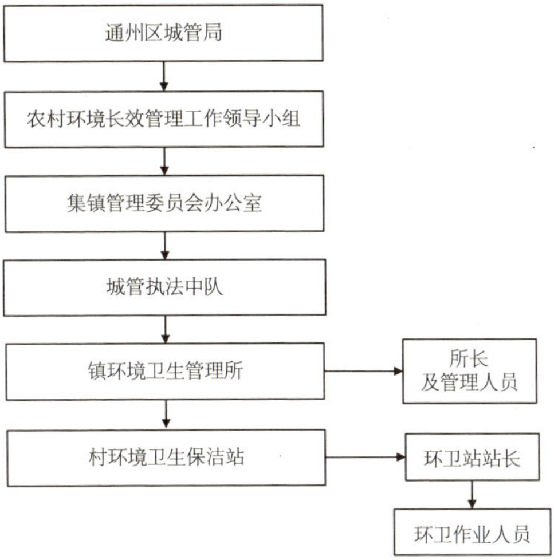

图 4-2　通州区农村生活垃圾管理体系

通州区实施农村生活垃圾管理的支出由设施设备建设与购置和运行费用两部分组成。

1）设施设备费支出

通州区农村生活垃圾管理设施设备支出项目见表 4-1。

表 4-1　通州区农村生活垃圾管理设施设备支出

项目	支出金额（万元）	实际数量	测算单价
垃圾桶	263.23	13344（个）	约 200 元 / 个
果壳箱	39.66	1010（个）	约 400 元 / 个
三轮保洁车	155.50	1352（辆）	约 1150 元 / 辆
垃圾收运车	606.10	200（辆）	约 30000 元 / 辆
垃圾打捞船	95.2	97（条）	约 10000 元 / 辆
生活垃圾收集房	373.6	882（座）	约 4200 元 / 座
合计	1533.29	按村镇人口平均	16.8 元 / 人

2）运行支出

通州区生活垃圾处理支出如表 4-2 所示。

表 4-2 通州区生活垃圾处理支出

项目	支出金额（万元）	数量	单价	人均成本（元 / 人·年）
保洁人员费	448.6	317 人	7704 元 / 人·年	2.1
生活垃圾收集员	1319.2	1566 人	8424 元 / 人·年	11.47
转运费用	3519.6	191700t	183.6 元 /t	30.6
其中：转运人员工资	420.5	205	20511 元 / 人·年	3.6
油耗	324.93	—	7.29 元 / 升	2.8
维修	73.8	—	—	0.6
县终端处理费	1602.6	191700t	83.6 元 /t	13.9
合计	7709.23	吨均成本	330~350（元 /t）	57.4

通州区生活垃圾处理资金来源主要为区财政，其余为镇、村财政，占 7.6%（见表 4-3）。

表 4-3 通州区生活垃圾处理资金来源

来源	资金属性	覆盖支出项目	数量（万元）	占建设费比例（%）	占运行费比例（%）
区财政	一次性 常年 以奖代补	转运站建设费用	4000	100	—
		转运站运行经费	2500	—	37.9
		清扫保洁工作补贴	800	—	12.1
		农村生活垃圾收集	2800	—	42.4
镇、村财政	常年	各项运行支出缺口	500	—	7.6

二、乡镇集中处理模式

集中式处理模式适用于平原型村庄，服务半径大于或等于20公里，人口密度大于66人/km^2，且总服务人口达80000人以上，建立可覆盖周边村庄的区域性垃圾转运、压缩设施，该设施与周边村庄间的运输道路60%可达到县级以上公路标准。生活垃圾通过户分类、村收集、乡/镇转运，纳入乡镇垃圾处理系统。

三、分散式处理模式

布局分散、人口密度小于或等于66人/km^2、经济欠发达，与最近的市（县）级及以上城市距离极远，且与城市间运输道路多数低于县级公路标准的乡镇和村庄，或者地形起伏大的山区，运输困难的偏远村庄，可通过自建或者附近村庄组团建设生活垃圾处理设施来实现农村生活垃圾的有效处理。生活垃圾通过户分类、村收集、村/乡转运，纳入村垃圾处理系统，对分选后的可堆肥垃圾宜进行就地及时资源化处理。

第三节　农村生活垃圾处理技术

一、填埋

卫生填埋是生活垃圾土地最终处置方法，主要有卫生土地填埋和安全土地填埋两种方式，农村和小城镇主要采取卫生填埋。规范的生活垃圾卫生填埋场是按照环境工程技术标准进行工程的实施建设，能对垃圾渗滤液和填埋气体进行控制，使垃圾在自然环境状态中和在自身成分作用下，经过物理、化学、生物降解，分解产生沼气、渗滤液等，最终达到稳定状态，能够有效地控制其对地下水、地表水、土壤耕地、空气及周围环境造成的污染。

1. 技术简介

卫生填埋适用于生活垃圾有机成分低，热值低（低位热值小于5000kJ/kg），土地资源丰富，土地成本低，具有较好的污染控制条件，便于卫生填埋场选址的地区。

填埋场严禁选址于村庄水源保护区范围内，宜选择在村庄主导风向下风向，且应避免占用农田、林地等农业生产用地，要避开地下水位高、土壤渗滤系数高地区，宜选择地下水位低并有不渗水黏土层的坑地或洼地，选址与村庄居住建筑用地的距离不宜小于卫生防护距离要求。垃圾在填埋限定区域内铺洒 40~75cm 薄层并压实，每天操作后用一层 15~30cm 黏土覆盖和压实，构成一个填埋单元，同样高度衔接的单元构成填埋层，当填埋到设计高度后覆盖 90~120cm 的土壤，压实后形成完整的卫生填埋场（见图 4-3）。

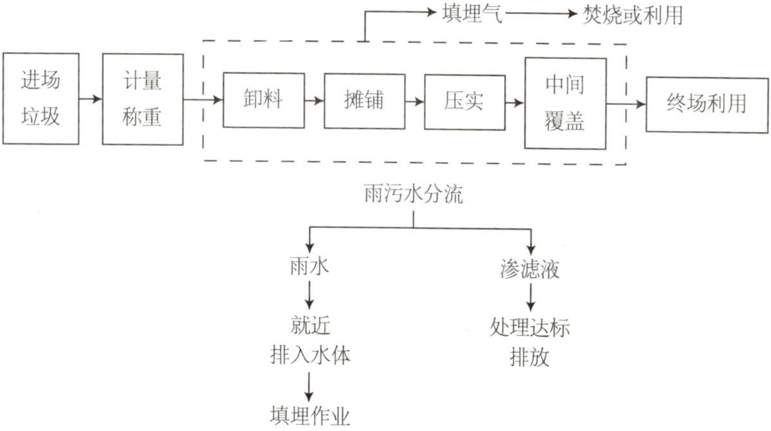

图 4-3　卫生填埋工艺流程

卫生填埋相对焚烧和综合处理，投资和运行费用较低，运行维护较为简单；也可处理焚烧产生的炉渣和堆肥产生的废料。

但是卫生填埋方式的垃圾减容少，占地面积大，防渗系统容易受到破坏，其产生的垃圾渗滤液如处理和收集不当，对土壤和地下水存在长期的潜在威胁，填埋场易产生甲烷、硫化氢等有害废气，处理不当会发生爆炸和环保事故。

2. 典型案例——陕西省榆林市靖边县天赐湾镇生活垃圾填埋场

（1）概况

天赐湾镇乔沟湾村位于靖边县城东南 21 公里处，总土地面积

27.3 平方公里，天赐湾镇乔沟湾村现有人口 2400 人。该村之前无任何垃圾填埋设施，垃圾只能倾倒在边沟或附近坑洼处，有的还随意堆存排放，污染人居环境。

（2）填埋场

该填埋场为平原型填埋场，通过征用原有的废弃土地，建成一个占地面积为 8000 平方米、深 5 米、总容量为 4.5 万立方米、日处理垃圾能力 8.5 吨、使用年限为 10 年的垃圾填埋场。垃圾卫生填埋场的场底划分为若干个小区域，以实现雨污水分流。建成一个填埋总容量为 4.5 万立方米的生活垃圾填埋场。

生活垃圾由运输车辆运至卫生填埋场，经计量后进入填埋区作业面，按作业顺序进行倾倒、摊铺、压实、洒药和覆盖，其工艺流程见图 4-4。

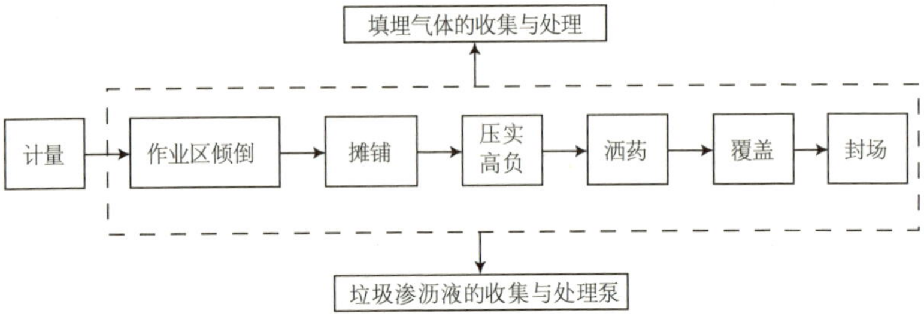

图 4-4　靖边县天赐湾镇生活垃圾填埋作业工艺流程

渗滤液收集系统由卵石导流层及其反滤层、渗滤液收集盲沟、渗滤液收集管路组成。填埋区内渗到场底的渗滤液先通过导流层横向汇集到盲沟内，盲沟内设纵向渗滤液导排花管，将渗滤液排到预埋渗滤液输送管内（无孔），然后通过排水检查井和提升泵井输送到渗滤液调节池。

渗滤液处理规模为 $5m^3/d$，处理工艺采用厌氧—好氧（MBR）—反渗透的处理工艺。厌氧平均水力停留时间为 2d，好氧水力停留时间为 1d，再经膜处理和反渗透处理后达到排放标准。

（3）运行管理

填埋场建设资金全部纳入市县环保专项资金解决，运行资金通过采取吸引各种民间资本（包括企业、个人资金）参与，适当收缴垃圾填埋费等资金筹措方式，满足项目建设运行需要。

二、堆肥

1. 技术简介

农村生活垃圾堆肥处理是生活垃圾经户分类后收集，通过微生物对有机垃圾（主要包括剩余饭菜、树枝花草等植物垃圾）进行好氧发酵的处理方法，使有机物稳定化和腐熟的过程，其腐熟产物在达到国家和地方农用相关要求后，可作肥料用于农田或菜地。堆肥根据含氧量可划分为好氧堆肥和厌氧堆肥。厌氧堆肥在第二步甲烷化阶段会产生甲烷气体，而好氧堆肥的最终产物是 CO_2 和 H_2O，降解终产物没有二次污染，因此一般情况下，往往是先进行厌氧堆肥至第一步水解过程结束，水解产物再进行好氧发酵，这样的降解彻底，污染小，效果好。堆肥技术工艺简单易操作，经过堆肥处理后，生活垃圾转化成卫生、无味的腐殖质，可达到再资源化的目的。堆肥处理适用于开展生活垃圾分类收集、有机垃圾实现单独收集或未开展垃圾分类收集、但有机成分高、当地易接受有机肥料的地区。

农村垃圾堆肥方式分为庭院式堆肥和集中式堆肥两种。

庭院式堆肥是指村民利用简易堆肥装置进行堆肥处理，可在庭院或农田中采用木条等材料围成约 1m^3 空间堆放可生物降解的有机垃圾，堆肥时间不宜少于 2 个月。庭院里进行家庭堆肥处理可用土覆盖。

集中式堆肥系统须有适当的规模，且堆肥场地按照标准堆肥厂的工程要求进行建设，具有进场垃圾预处理、有机成分发酵、渗滤液和尾气净化处理、产品储存及加工等功能，工程项目主要包括预处理场地、发酵场地、堆肥设备。

（1）预处理场地：垃圾进场后进行预处理的场地，便于后续输送、堆垛和必要的翻堆作业；

（2）发酵场地：主要用于有机物料进行堆垛的场地，包括垃圾一次发酵场地、二次发酵场地以及腐熟产品的堆放场地；

（3）制肥厂房：用于将腐熟的堆肥产品进行烘干、粉碎、造粒等后续加工，形成颗粒状或粉末状有机肥，然后经装袋后形成有机肥成品，也可直接运送至田间地头进行施用；

（4）成品库：腐熟堆肥产品经加工后，根据农业有机肥季节性需要以及运输时间的限制，设立成品库，主要用于存放堆肥产品；

（5）堆肥设备：好氧堆肥厂中所涉及的分选、翻堆等所有的机械设备和系统。

堆肥工艺较简单，适于易腐有机生活垃圾的处理，处理费用较低。但是占地面积较大，对周围环境大气和水环境等易造成一定的污染，堆肥质量不易控制，经深加工后做成复混肥，但成本较高。该技术适用面较窄，一般适合于将可降解有机垃圾单独收运的地区，对于生活垃圾混合收集的地区和堆肥销路不好的地区，应审慎采用堆肥处理技术。

2. 典型案例——广西壮族自治区河池市金城江区六圩镇简易堆肥项目

六圩镇农户自发在屯内田头地角建设简易堆肥池共 27 个，主要分布在六圩社区、肯研村、凌霄村 3 个城区周边的村屯；每队最多修建简易堆肥池 3 个，最少 1 个。其中，六圩社区 5 个队共建有堆肥池 7 个；肯研村 7 个队共建有 9 个；凌霄村 6 个队、5 个屯共建有 11 个。堆肥池主要肥料为家禽排泄物、稻草等。简易堆肥池规格为 2m × 1.5m × 2m，体积 $6m^3$。

堆肥流程为：农户将自家肥料运输至堆肥池；将肥料归堆处理，进行整边、堆高，以便节省空间；塑料薄膜覆盖；肥料经过充分发酵，农民到堆肥池取肥对农作物进行施肥。

夏季堆肥时间 30 天，冬天堆肥时间为 60 天。六圩镇 27 个堆肥池年处理量为 135 吨，其中每个堆肥池年处理肥料 5 吨。农民自发建立的堆肥池，将农户家中的农家肥集中堆放，科学处理，极大地改善了该镇村屯环境。

三、焚烧

1. 技术介绍

焚烧处理是将垃圾放在焚烧炉中进行燃烧，释放出热能，余热回收可供热或发电。烟气净化后排出，少量剩余残渣排出填埋或作其他用途。焚烧处理技术特点是处理量大、减容性好且有热能回收作用。因此，对生活垃圾实行焚烧处理是减量化和资源化的有效处理方式。

然而当垃圾燃烧不充分或者含有重金属时，燃烧过程中会产生二噁英类、烟尘、一氧化碳等二次污染物（见图 4–5）。

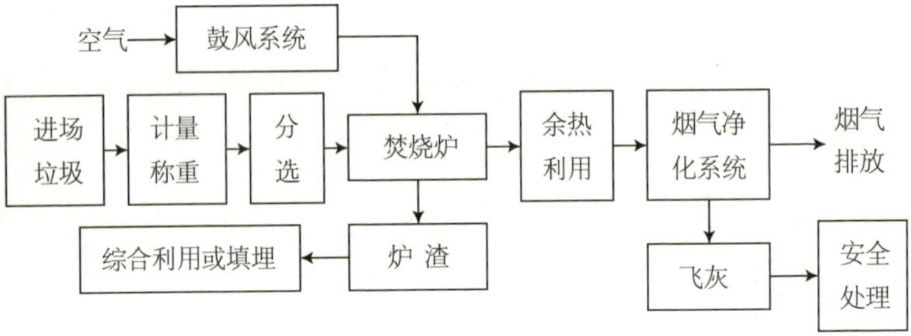

图 4–5　焚烧工艺流程

焚烧处理优点是占地面积小，减量和无害化效果明显，运行较为稳定以及污染物去除效果较好，热能可回收利用。但该方式对垃圾热值有要求，有些工艺需要进行前分选，建设和运营的成本与技术要求高，废水、废气、灰渣环保排放要求严格。

焚烧处理适用于生活垃圾热值高（低位热值大于 5000kJ/kg）、土地资源紧张、土地成本高、地方财力好的地区。焚烧处理设施可以单独建设，也可以距离较近的多个村庄或乡镇合建。乡镇应选用通过省级及以上鉴定满足国标《生活垃圾焚烧炉及余热锅炉》（GB/T 18750）且达到《生活垃圾焚烧污染控制标准》（GB 18485）要求的生活垃圾焚烧炉，同时地方市级以上环境监测机构能够进行常规污染排放物监测。

2. 典型案例——山东省德州市生活垃圾焚烧发电项目

山东省德州市城市生活垃圾焚烧发电项目是德州市人民政府承诺为民做实事的一项民心工程。该项目采取采用循环流化床焚烧工艺，配备 2 台 365 吨 / 天垃圾焚烧炉和 2 台 7.5 兆瓦冷凝式汽轮发电机，日处理能力 600 吨，年发电量 1 亿度。烟气净化采用半干法 + 布袋除尘器工艺，烟气排放达到生活垃圾焚烧排放标准。该项目可减少生活垃圾填埋量 90%，每五年即可节省一个占地近 100 亩、库容量 110 万立方米的垃圾填埋场，可以节约大量的土地以及垃圾覆土所需要的土方资源；每年节约标准煤 3 万吨，减少二氧化碳排放量 7.5 万吨。该项目于 2013 年 6 月调试完成投入使用，项目投产后，最大限度地促进了德州市城市垃圾的减量化、无害化、资源化处理，为提高资源综合利用率，改善环境质量，建设可持续发展城市，提升和优化城市综合功能奠定了良好基础，有效地促进经济、社会和环境的协调健康发展。

四、资源化利用

农村生活垃圾处理处置尽量使用现有成熟的资源化技术，在生活垃圾处理过程中，除了采用堆肥处理方法外，能够实现农村生活垃圾资源化的其他技术方法还包括：在沼气池推广较好的地区，将已建成的大量沼气池与生活污染物的处理和利用相结合，采用污水、粪便和垃圾厌氧发酵，沼气能源利用及沼液、沼渣农业利用的新型农村生活污染治理技术路线；在农业主产区，可以采用蚯蚓堆肥等资源化技术等。

沼气发酵又称为厌氧消化、厌氧发酵，是指有机物质（如人畜家禽粪便、秸秆、杂草等）在一定的水分、温度和厌氧条件下，通过各类微生物的分解代谢，最终形成甲烷和二氧化碳等可燃性混合气体（沼气）的过程，农村常采用常温发酵工艺（见图 4–6）。

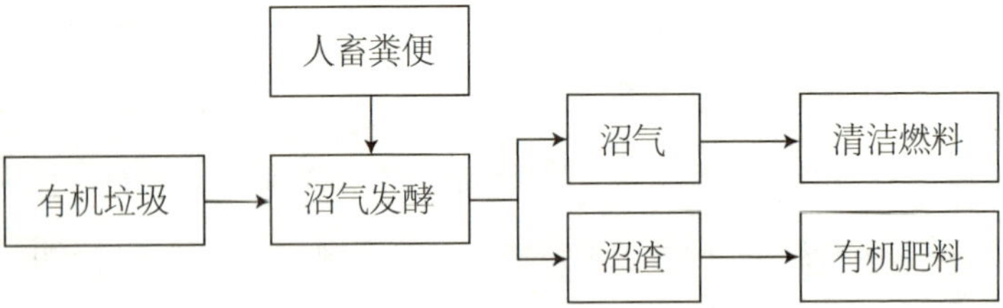

图 4–6 沼气发酵工艺流程

沼气发酵技术工艺较简单，适于易腐有机生活垃圾的处理，处理费用较低，占地面积小。可产生有用的终产物——甲烷，它是清洁而方便的燃料；沼气发酵过程中一些病原物被杀灭；发酵过程中 N、P、K 等肥料成分几乎得到全部保留，一部分有机氮被水解成氨态氮，速效性养分增加。但是缺点是设施建设和安全管理要求高，处理规模一般不大，沼渣需要定期清理。

沼气发酵处理适用于垃圾有机成分高、沼液和沼渣可以在当地得到土地利用，沼气使用有市场或农户可以做到自产自销的地区。选择沼气发酵处理方式的地区可以将当地的秸秆、禽畜粪便合并处理。

第四节　农村生活垃圾治理实践：以盘锦市为例

随着农村经济发展和人们生活水平的提高，生活垃圾产生量不断增加，农村垃圾污染已成为最为突出的环境问题之一，如果得不到解决，既对农村生态环境造成难以逆转的危害，又造成资源浪费。目前盘锦市农村生活垃圾还没有一套最佳、系统的管理和利用体系，部分生活垃圾采取就地填埋，导致分散污染变集中污染，还占用大量土地。如果采用我国部分发达地区农村“垃圾大搬家”的办法，不但成本高，资源化率低，还难以有效解决垃圾问题。为此，在学习借鉴外地经验，结合盘锦实际情况的基础上，选择盘山县甜水镇南郭村和大洼县榆树镇曾家村开展垃圾分类、资源化利用试点，为在全市推广农村垃圾有效治理奠定了基础。

一、顶层设计，是做好农村生活垃圾资源化利用的关键

在总结国外先进经验和借鉴国内一些地区做法的基础上，因地制宜，结合盘锦实际，本着简单易行、就近利用和二次分类的原则，制定了《农村生活垃圾源头分类、资源化利用方案》。主要遵循三个原则。一是简单易行原则。结合我国国情，不一蹴而就，由简到难，循序渐进，既能切实解决目前实际问题，又着眼长远，便于开展和推广。二是就

近利用原则。垃圾能不出户的不出户，能不出村的不出村，就地利用。农村不同于城市，大部分农户有菜园、有农田、有畜禽，村里有广阔的土地，可以消纳主要生活垃圾。就近利用减少运费，降低垃圾在运输过程中产生的污染，使生活垃圾得到更充分的利用。三是二次分类的原则。是根据目前实际情况的过渡之策，随着群众环境意识的提高、良好习惯的养成，逐渐取消二次分类，达到国外发达国家分类程度。

按照上述原则将农村生活垃圾分为三大类：可燃垃圾、厨余垃圾和其他垃圾。可燃垃圾：包括废纸、废塑料袋、旧衣物、旧鞋等可以燃烧的垃圾；厨余垃圾：包括剩饭、剩菜、菜叶、果皮等；其他垃圾：包括塑料瓶、玻璃、灯管、灯泡、电池、过期药品、农药瓶、电子产品等。可燃垃圾送附近垃圾气化站气化（已在农村建设13座垃圾气化站），作为清洁能源供居民炊事用气、供暖燃料；厨余垃圾就地堆肥还田；其他垃圾由保洁员二次分类，资源化利用和无害化处理。

二、宣传教育，是做好农村生活垃圾资源化利用的前提

农村生活垃圾源头分类、资源化利用需要全体农村居民的积极参与和支持，提高农村广大群众环境意识，普及垃圾分类知识是做好这项工作的前提。全市通过近一年的农村环境综合整治，村容村貌发生了翻天覆地的变化，百姓看到、也切身感受了各级政府在为村民办实事、办好事，群众参与宜居乡村建设的积极性普遍提高，为开展这项工作奠定良好基础。针对农村生活垃圾污染问题、占用土地问题，号召村民为了我们良好的生存环境、为了子孙后代，从我做起、从现在做起，做好生活垃圾源头分类和资源化利用工作，同时让村民了解垃

圾分类收集、分类运输、分类处理方面知识，在这一过程政府怎样做的，村民需要怎样做。为此，开展了全方位、多渠道、立体式宣传教育。一是利用广播宣传教育。在垃圾分类前，请市电视台播音员录制生活垃圾分类知识宣传稿，通过村广播反复播放，开展宣传，让农民知道，通过政府和每个人的共同努力，垃圾不需要填埋、不占用土地、不污染环境，变废为宝，成为资源。二是制作年画宣传教育。制作农村居民喜闻乐见的年画，图文并茂，通俗易懂，把垃圾分类知识送到农户家里。三是开门入户宣传教育。市、县环保局有关人员在镇和村干部的配合下，分两个组入户逐户宣传，采取通俗的语言讲解垃圾主要分三类：能烂的做肥料（厨余垃圾），能烧的当燃料（可燃垃圾），剩下的别倒掉（其他垃圾）。四是开展知识竞赛宣传教育。曾家村开展了生活垃圾分类知识有奖问答，对答卷及格和优秀的给与奖励，调动群众学习垃圾分类知识的积极性。五是对保洁员进行专业知识宣传教育。对保洁员进行系统培训，掌握垃圾分类、收集、运输、储存、资源化利用等相关知识，由保洁员对农户垃圾分类工作进行指导。

三、建章立制，是做好农村生活垃圾资源化利用的基础

社会的进步体现为不断地将规范变为现实，而使规范变为现实最有效的机制是基于微观基础上的制度安排，因此建立生活垃圾源头分类、资源利用体系，制度建设是基础。

一是建立收集制度。村委会为每户居民配备 3 个钢化塑料垃圾桶，分别装厨余垃圾、可燃垃圾和其他垃圾。保洁员每天早晨上门收集厨余垃圾、可燃垃圾，每周一次上门收集其他垃圾。厨余垃圾送村堆肥

池堆肥；可燃垃圾送垃圾暂存房存放，达到一定数量送垃圾气化站，作为垃圾气化站原料；其他垃圾保洁员二次分类，塑料制品、玻璃制品等卖给废品收购站，过期药品、农药瓶、电池、日光灯管、灯泡、电池等有毒有害分类存放在暂存房，达到一定数量送县、市有危废资质的单位无害化处理。

二是建立奖励制度。每天保洁员对垃圾分类达到要求的农户给予奖励，奖励面值 0.5 元的垃圾分类票，村民将垃圾票积攒起来到村里超市换取油盐酱醋等生活日用品，有效引导、激励村民正确进行垃圾分类。奖励政策鼓励村民垃圾能不出户的不出户，剩饭、剩菜等喂鸡、喂猪，草木灰装袋后还田。对垃圾分类达不到要求的、乱扔垃圾的不发垃圾奖励票，并要求改正，同时保洁员、村干部说服教育村民做好垃圾分类工作。

三是建立责任制度。建立了“三包一落实”制度，镇干部包村、村干部包街、保洁员包片（户），落实责任制度。全村垃圾分类和保洁实行网格化管理，做好分工、明确任务、落实责任，一级抓一级，层层抓落实，日常巡护与定期和不定期检查相结合。保洁员开展争先创优评比活动，优胜劣汰，优秀的保洁员给予奖励，不合格的保洁员予以淘汰；居民开展标兵户评比活动，年底被评为垃圾分类标兵的家庭给予奖励，对个别落后家庭，村、镇干部上门说服教育，提高认识，做好这方面工作。

四、投入资金，是做好农村生活垃圾资源化利用的保障

2014 年全市共投入资金 15.2 亿元，用于农村环境综合整治和宜

居乡村建设。每个村建设了垃圾暂存房、垃圾堆肥池、购置了垃圾清运车辆等，特别是村里道路硬化、路灯亮化、卫生厕所无害化、植树栽花美化等为开展生活垃圾源头分类和资源化利用工作奠定了良好基础。全市每年每个村由财政投入资金 30 万元（市财政 20 万元、县财政 10 万元），用于村里保洁员工资、边沟清理、氧化塘维护、道路路灯维修等费用，这种长效机制的建立为做好生活垃圾源头分类和资源化利用工作，提供了可靠的资金保障。同时市环保局对试点村给予“以奖代补”政策性支持，极大地调动了村镇开展生活垃圾分类、资源化利用的积极性。

南锅村村主任张宏亮算了一笔账，全村 143 户，2014 年垃圾处理、保洁费用超过 10 万元，2015 年实施垃圾分类和资源化利用后，预计垃圾处理、保洁共投入资金 9.8 万元（分类桶 1.6 万元、年画制作 1 万元、保洁员工资 3.5 万元、垃圾奖励票 2.7 万元、小推车 0.49 万元、编织袋 0.525 万元），比上一年度略有结余。他说：“通过垃圾分类工作的开展，全村建立了长效管理机制，不用突击搞卫生，村里更加干净整洁，我也省心多了，这项工作我们要常抓不懈、持之以恒地做下去。”

五、惠及民生，是做好农村生活垃圾资源化利用的根本

良好的农村生态环境是最普惠的民生福祉，农村生活垃圾治理成果，让农村百姓看到美景、得到实惠。从开展生活垃圾源头分类和资源化利用试点工作以来，经过不断地实践与探索，取得阶段性成果，农村实现了“三无”，达到了“三提高”。“三无”具体为：一是无垃圾填埋场。垃圾源头分类不需要往垃圾填埋场送垃圾，废弃垃圾填

埋场。厨余垃圾、菜园产生的瓜秧等送村里堆肥池堆肥，肥料还田。二是无垃圾箱。以前村内街边的垃圾箱和垃圾收集池，刮风天，垃圾随风飘，下雨天，污水横流，污染环境，有碍村容。南锅村在正式启动垃圾分类前一天，取消了街边所有垃圾箱，使村内环境更为整洁、自然、和谐。三是无垃圾。随着“三包一落实”长效机制的建立和村民文明程度的提高，过去垃圾随脏水泼倒、随意扔垃圾的现象不见了，村内街边、沟渠、坑塘看不到垃圾。“三提高”为：一是提高村民参与宜居乡村建设积极性。监督激励机制的建立让人们从中直接受益，有效地激发了村民参与的积极性。过去冬季产生的大量草木灰与垃圾混放，有时垃圾箱不及时清理，草木灰堆在垃圾箱外面，垃圾随风起舞，污染环境。南锅村草木灰袋装后，农户争着要，作为肥料还田。开展这项工作，村民是直接参与者，也是直接受益者。二是提高村民环境意识。曾家村通过开展垃圾分类，村民的环境保护意识普遍提高，村民看到垃圾自觉地进行拾捡，不乱扔、乱堆、乱放已变成村民的良好习惯。不但改善了村内环境，同时带动农户改善屋里、院内的环境，使整体环境更加干净整洁。三是提高村民文明素质。通过垃圾分类，村民的文明素质得到普遍的提高，乡村更加和谐。

目前我国生活垃圾源头分类和资源化利用普遍存在一些误区。一是大部分地区把生活垃圾分为：可回收、不可回收等。不可回收垃圾还是要填埋或焚烧，没有把垃圾当作放错了地方的资源；二是分类过于复杂。大部分源头分类达到五种以上，推行起来比较困难；三是收集和处理体系没有相应建立起来。有的地区要求居民源头分类，居民把垃圾分好，收集又混在一起。盘锦结合农村冬季草木灰产生量大、夏秋季菜园秸秆产生量大的特点，采取切实可行，简单有效的办法，使垃圾资源化利用率达到 95%，村内垃圾资源化利用率达到 85%，跳出了这些误区，探索出农村生活垃圾减量化、资源化、无害化的新模式。目前，盘山县甜水镇正在全镇推广南锅村垃圾源头分类、资源化利用成功经验。

第五章

畜禽养殖污染处理模式及案例

近年来，我国畜禽养殖业发展迅速，对保障消费者“菜篮子”供给、促进农民增收致富具有重要意义。但是，我国畜禽养殖业布局不合理、种养脱节，部分地区养殖总量超过环境容量，加之畜禽养殖污染防治设施普遍配套不到位，大量畜禽粪便、污水等废弃物得不到有效处理并进入循环利用环节，导致环境污染。关于畜禽养殖污染防治的政策法规，前文已有介绍，不再赘述。本章重点介绍畜禽养殖污染防治处理模式，并提供若干具体案例，供大家在实际工作中参考。

第一节 畜禽养殖污染防治处理模式

全国畜牧总站在 2014 年对全国上报的 2802 个标准化养殖场畜禽养殖废弃物处理方式进行统计（其中猪场 1377 个、奶牛场 596 个、蛋鸡场 520 个、肉鸡场 309 个），综合各养殖场处理情况，总站将处理模式分为种养结合、清洁循环、达标排放、集中处理和综合利用等 5 种模式。从处理方式来看，种养结合、清洁循环、综合利用均是将粪便处理后进行利用，可以合并到综合利用的模式，综合利用主要途径是畜禽养殖废弃物经处理后，转化为肥料或土壤调理剂再进行还田。

综合全国生猪、奶牛、蛋鸡、肉鸡四种主要畜禽处理模式情况，各类处理模式比例分别为：生猪综合利用 90%、达标排放 8%、集中处理 2%；奶牛综合利用 92%、达标排放 5%、集中处理 3%；蛋鸡综合利用 81%、达标排放 6%、集中处理 13%；肉鸡综合利用 83%、达标排放 11%、集中处理 6%。可见，目前各种畜禽主要处理模式还是以综合利用为主，达标排放和集中处理所占比例较小。

此次典型案例介绍主要包括综合利用、达标排放和集中处理三个模式。案例主要来自农业部畜牧业司发布的《畜禽粪便综合利用典型模式》和现场调研总结。

一、综合利用模式

随着畜禽养殖规模化比例上升，以生猪为例，陆续出现出栏10万头以上的大型生猪养殖场。这些养殖场大多采取畜禽粪便种养结合的方式，粪便无害化处理后施用到场址周边的农田。但超大规模的集中养殖同样会给周边的环境承载力带来很大的压力，出现集中污染问题，因此适度规模的养殖场将会有更好的综合利用和环保效果。

在此，选取3个典型案例：1个超大规模的生猪养殖场，1个家庭农场模式生猪养殖场，1个千头猪模块化养殖场。

1. 大型养猪场，粪尿全部还田利用

案例特点：实施全程节水和饲料管控，减少污水和粪便产生量；采用全漏缝地板和机械干清粪方式；粪便高温堆肥、尿液厌氧处理，粪尿全部作为肥料还田利用。

某公司位于河南省南阳市，始建于1992年，是国内规模最大的一体化、现代化、全自养生猪养殖企业，单场规模最大年出栏生猪40万头。现有11个饲料厂、65个养殖场（含子公司），年加工饲料400万吨、出栏生猪约260万头。公司研发了机械刮板清粪模式，实施源头节水和饲料管控，采取粪便高温堆肥、尿液厌氧处理，主推粪尿全部作为肥料还田利用，不向自然沟渠河道排放。通过将种植与养殖结合，养猪废弃物实现资源循环利用。

在源头控制方面，采用全漏缝地板，在养殖过程不使用清水冲洗；改进饮水器，采用水位限制器控制猪只玩水及嘴角漏水；采用电脑控

制喷雾降温减少用水；采用高压水枪冲洗圈舍地面；采取节水奖励制度，强化节水管理。严格控制饲料中铜、锌等微量物质，并利用微生态发酵技术，尽可能地提高饲料中各类物质的吸收利用率，降低粪便尿液中的排出量。

在无害化处理方面，固粪及沼渣通过高温好氧堆肥发酵，杀灭病原微生物，制成有机肥，产品销往外地。尿液厌氧处理，产生的沼液暂存于沼液储存池，在施肥季节进行农田利用。

在资源化利用方面，根据施肥周期及气候条件，设计能够预存 9 个月以上的沼液储存池。储存池先铺设防渗膜，后浇筑钢筋混凝土防渗层，确保防渗漏、防溢流，不对地下水造成污染。免费为周边农民铺设沼液施肥管网，采用加压输送方式将液肥输送到农田，方便农民施用。根据农田氮磷钾测定情况，实施测土施肥。定期对土壤监测，在施肥前期公司对沼液各项指标化验检测，根据不同作物确定施肥量。

全漏缝地板

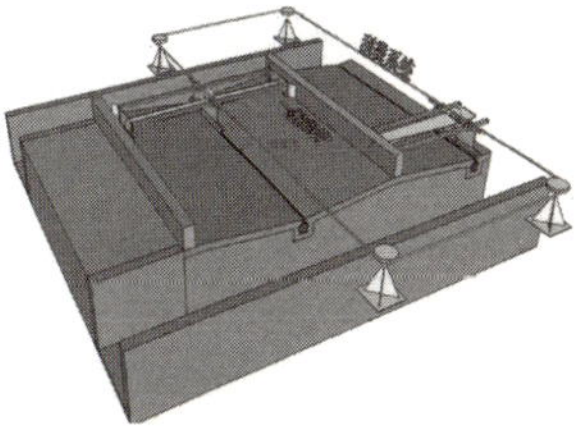

机械干清粪工艺图

干清粪工艺猪舍图

自动化饲喂系统

限位饮水器

沼液还田管网

图 5-1　养猪场粪尿还田利用

2. 家庭农场式养猪场，垫料床处理粪尿再利用

案例特点：主要针对中小规模养殖场，采用垫料处理生猪粪尿，经济实用，处理后可还田利用。

某集团支持广东等地区合同农户进行圈舍改造，减少养殖废水排放量，污水经过三级沉淀之后用于灌溉，该模式中污水贮存池中没有设置排放口，猪舍产生的污水贮存后由泵抽到农田灌溉，杜绝了污水直接排放造成的环境污染。主要措施有三个，一是雨污分流；二是将饮水漏水与尿液分离，饮水漏水通过单独渠道流入雨水渠道；三是用风机水帘降温，减少冲圈用水量。

舍外降解床对粪便和污水进行同时处理。在猪舍外建一简易大棚、大棚内建降解床，专门用于承接并降解猪废弃物，其原理是以活性微生物作为物质能量“转换中枢”来完成畜禽粪尿的降解与转化，并将畜禽粪尿无害化以便还田利用。垫料可从当地来源容易的木屑、谷壳、稻壳、蘑菇渣、玉米、高粱秸秆粉末之中选用 1–2 种作为垫料。饲养 500 头肉猪约需配备降解床面积 90~120 m^2。垫料铺设高度 35~45 cm。在降解床内按照设计高度铺设好混合垫料，采用机械（管道）或人工将粪尿均匀撒入降解床，并翻耙均匀，调节水分至 40% 左右（不超过 50%）。通常每天自动翻耙一次，翻耙深度不低于 25 cm。每月按每平方米 10g 向降解床补加菌种。

需要注意的是，垫料床处理方式在肥料化还田利用过程中，需要采取有效措施，控制重金属等污染风险物可能导致的环境危害。

静态发酵大棚

粪便发酵池

图 5–2

3. 千头生猪生产线，畜禽粪便模块化处理还田

案例特点：养殖规模适度，以千头生猪育肥生产线为单元，配套污染物处理设施，发展种养结合生态循环农业。

百亩单元千头猪生产线是一种生态循环养殖模式，根据农作物土地消纳畜禽粪便的能力，依托万亩生态循环农业示范基地，以每200亩地为一个生产单元，进行生猪育肥，每批出栏生猪1000头生产线。每个千头线占地2亩，其中猪舍面积1200平方米，配套粪便收集发酵池300立方米。

每批猪年排污960立方米污水（其中含粪污500吨），粪污通过管道注入处理池，加入光合菌除臭发酵，然后用于农田灌溉。每次每亩地浇灌污水10立方米和清水10立方米，养猪周期4个月，每月灌溉1次，每次可灌溉24亩，每批猪出栏后可浇灌96亩地。若用于改良土壤，每次每亩地需浇40立方米污水，改良土壤24亩。

百亩单元千头生猪生产线拥有五大优势：一是农牧结合紧密，千头线地处大田中间，粪污就地利用，既解决了养殖业的粪污污染问题，又改善了土壤团粒结构，增强了土地肥力，提高了农产品品质；二是土地产出效率高，产值约是单纯种粮产值的10倍；三是建设成本低，千头线总投资约35万元，造价是同等规模猪场的1/3，易于复制推广；四是生产环境优，空气流通好，空气质量优；五是易于恢复地貌，千头线地下建筑简单，土方就近堆放，改变用途时易于恢复原貌。

土壤改良

粪污输送工程

粪污储存罐

千头线

图 5–3

二、集中处理模式

集中处理模式是在养殖密集区建设粪污集中处理中心，对周边养殖场（小区、养殖户）的畜禽粪便和（或）污水实行专业化收集和运输，并按资源化和无害化要求集中处理和综合利用。一般来说，畜禽粪便集中处理模式主要可分为两类：一是由政府主导建立畜禽养殖粪便集中收集处理体系，投资建设畜禽粪污集中处理中心，由具备相应资质的专业公司、农民合作社及行业协会等具体运营；二是政府与社会资本合作 PPP 模式，以企业为主建设畜禽粪污集中处理中心，中心运营自负盈亏，政府对中心建设、粪便收集等给予一定补贴。

上海市崇明县片区沼气工程模式

案例特点：以行政村为单元，收集周边养殖散户猪粪，制沼气后供应给村民。

从2009年起，为实现农村畜禽粪尿资源化综合利用，上海选择崇明县开展了新一轮的农村沼气工程建设并在郊区推广。该模式以行政村为单元，选择一个空旷的地方建设一个较大规模的沼气工程点，每日回收该村所有养猪户，甚至相邻村庄散养户的猪粪、猪尿进行集中处理，再将产出的沼气集中供应给该村住户，实现原料集中收集、粪污集中处理、产品集中供应“三集中”。

以一个常年存栏生猪3000头的片区沼气站为例，片区点日可处理猪粪6吨、尿污水20吨，日可产沼气480立方米。工程投资金额为279.50万元，包括沼气工程场区内的建构筑物、设备及安装、集中供气工程等，不包括养殖户提升改造、粪污收集系统以及沼渣沼液还田设施等。

运行机制：政府部门负责项目的实施及协调推进、资金的监督管理、承建及托管单位的监管等工作；养殖户负责其所有棚舍、雨污分离、干湿分离以及配套干粪堆棚与集尿池、用于养殖户进行粪污运输的道路等设施的改造、建设工作，每日将猪舍产生的粪便清运至干粪堆棚内、将尿污水收集进入集尿池内；承建及托管单位负责项目的建设以及托管运行工作，以“自主经营、自负盈亏；各负其责、相互配合；产品计量、有偿使用；市场调节、兼顾公益；权益转让、适度返补；服务提升、安全管理”48字方针的市场化托管运营机制，对所托管的项目进行日常运行维护管理，确保工程的长效运行、用气户的正常用气；用气户自愿安装、有偿使用沼气，按时缴纳气费，自觉爱护供气管网及沼气用具，安全使用沼气，享受托管单位的服务；沼渣沼液用户自愿接受、有偿使用沼渣沼液，及时缴纳沼渣沼液费用，科学使用沼渣沼液，享受托管单位的技术指导与服务。

图 5–4

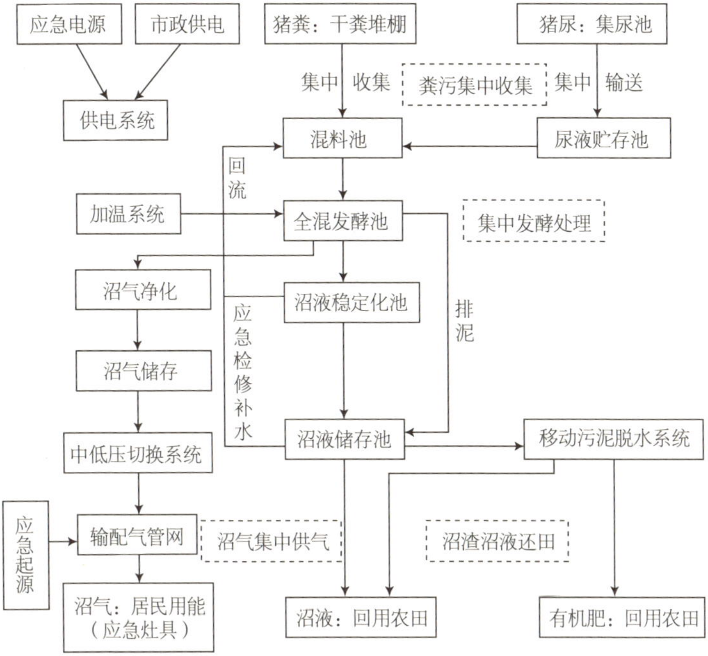

图 5–5

三、达标排放模式

在畜禽养殖废弃物无法进行综合利用的情况下，需要将污水处理达标后外排，养殖业废水属于高有机物浓度、高氮磷含量和高有害微生物数量的“三高”废水，处理方式根据排放水质标准不同会有差别，但工艺流程大致相同，包括固液分离＋厌氧消化＋好氧处理。建设粪污处理设施所需投资大、运行费用高，尤其是若需满足较高的排放标准还需要增加处理设备，将进一步加大成本。

某集团在山东齐河建设的醇源牧场采用了达标排放的方式，为满足地方排放标准 COD50mg/l 的要求，奶牛废水处理工艺流程包括固液分离＋厌氧消化＋好氧曝气＋生物除氮＋深度处理，总投资近 7000 万，吨水处理成本达到 20~30 元。

第二节　畜禽养殖污染防治整县推进案例：邛崃的“粪涌钱进”

四川省邛崃市作为国家生猪调出大县，年出栏生猪 140 余万头，年产生畜禽粪尿 160 余万吨。畜禽养殖业的快速发展，在带来巨大经济效益的同时，也形成日益突出的环境问题，为有效破解难题，邛崃市探索形成了“养殖户蓄储、合作社运输、种植户利用、镇村监管”的“异地循环”治污模式。

一、主要做法

1. 三池配套——养殖户把粪便“蓄储起来”

通过制定规划、出台技术标准、鼓励散养户配套沼气池和蓄粪池，对粪便进行充分发酵，实现了粪污利用无害化；通过在粪源密集处或规模种植区规划建设中转蓄粪池，实现用粪淡季储粪、旺季供粪，有效解决了淡旺季用粪矛盾。为调动养殖户积极性，给予户用沼气池 2000~2500 元 / 口、蓄粪池 80 元 /m^3 补贴，对中转蓄粪池按照总投资 50% 的标准补贴。目前，邛崃市建成农村户用沼气池 2.47 万口、大中型沼气工程 258 座 5.9 万 m^3、蓄粪池 1300 余座 20 万 m^3。

2. 专业运输——合作社把粪便“运输出来”

为推动畜禽粪清运，引导常年从事个体抽粪服务的农村经纪人注册成立“绿环畜禽粪便收集服务专业合作社”。其职责是，以所在村为中心辐射周边生猪养殖镇（乡），开展以收集、处置和利用畜禽粪便为主的经营服务活动。为支持畜禽粪污收集合作社发展，市财政对每辆抽粪车免费配备沼肥储存罐、抽粪泵、发电机和 400 米抽粪管，鼓励合作社自行购买粪车。目前，邛崃市共成立畜禽粪污收集合作社 20 个，抽粪车 160 余辆，从业人员约 240 人。

3. 市场机制——种植户把粪便“利用下来”

为改变过去用粪随机、供粪不及时的状况，邛崃市坚持市场机制，引导合作社与附近种植大户、产业基地业主签订用粪协议，合作社利用粪车免费抽取散养户畜禽粪便，以 30–40 元 / 吨的价格供给种植大户，并按照种植大户要求浇灌，实现了供需有效对接。目前，20 个合作社已与全市 250 余个种植大户、产业基地签订了粪便利用合作协议，年异地使用量超过 80 万吨，基本能实现所有畜禽粪便经过腐熟后还田。

4. 信息平台——镇、村把粪便“监管起来”

以镇为单位建立了“一库两台账”种养循环信息共享平台，“一库”即种养循环信息库，依托互联网信息共享群，实现散养户、合作社、种植大户信息共享；“两台账”即粪便动态监管台账和粪便转运利用台账，粪便动态监管台账记录散养户养殖类型、畜禽出入栏、粪便利用、沼气池和蓄粪池配备等情况，粪便转运利用台账详细记录抽粪来源和用粪去向。通过建立“一库两台账”信息平台建设，实现畜禽粪便“产—供—销”信息共享，达到了信息对称、畜禽粪便利用可追溯。

二、主要成效

1. 农村散养污染问题彻底解决

邛崃市“异地循环”畜禽粪便治污的做法，通过政府引导建立合作社，采取市场化方式把养殖户、种植户有机连接，实现供需对接，并通过建立“一库两台账”，形成一套对农村畜禽粪便全过程监管的体制机制，从根本上解决了散养户养殖污染问题。

2. 实现种植户、养殖户和合作社多赢

养殖户、种植户和运输合作社都在探索实践中获得了收益，生猪养殖户改善了养殖环境、减少了生猪发病率，降低了养殖成本；粪便收集运输合作社在转运畜禽粪便过程中，全市全年抽粪车可实现收入约 1200 万元，解决 240 余个中年农户就近就业；种植大户、种植基地业主使用畜禽粪便有机肥后，全市全年化肥使用量减少了约 1 万吨，节约近 3500 万元。

3. 财政治污资金优化使用

“异地循环”利用改革模式采用市场化方式，通过对合作社抽粪设备进行补贴，仅用了过去财政性治污资金的 25%，就充分调动了市场主体的积极性。不再依赖财政治污资金投入，政府资金投入环节由以前的直接治污，转变为对村集体购买服务和合作社抽粪设备进行补

贴，实现了财政资金的节约集约高效利用。

4. 农村生态环境根本改善

采用“异地循环”利用模式治污后，试点村生态环境得到根本改善，空气恶臭现象消失，水体污染问题彻底解决，土壤肥力得到合理调整，群众生产生活条件显著提升，初步实现向天蓝、地绿、水净美丽乡村的转变，全市畜禽粪便“产—供—销”一体化综合利用业态初步形成，实现畜禽粪污综合利用率达 90%，农村面源污染得到有效治理，农业更加绿色生态。

第六章

农村沼气技术介绍与应用

沼气在我国农村地区经历几十年的发展，在改善农村生活条件，促进农业发展方式转变，推进农业农村节能减排及保护生态环境等方面，发挥了重要作用。当前，农村沼气事业发展的外部环境发生了巨大变化，特别是农业生产方式、农村居住方式、农民用能方式的新转变，对农村沼气事业发展提出了新任务和新要求。

第一节　我国农村沼气的发展历程与现状

一、“农业学大寨”时期

我国农村沼气的快速发展始于1970 ~ 1978年，这一阶段沼气建设的特点是结合“农业学大寨”的政治运动，沼气发展速度很快，不到10年全国即发展700多万个沼气池。但受“文革”影响，到70年代后期，大量沼气池由于各种原因而报废。

时任陕西省延安市延川县梁家河大队支部书记习近平同志，为解决当地缺煤少柴的问题，带领社员不分昼夜打坝淤地、大办沼气，打造了当时陕西省第一个实现沼气化的村子。

二、科学指导发展时期

党的十一届三中全会后至1990年，在以经济建设为中心的形势下，农村能源受到政府和社会的关注。这个时期我国农村能源建设又进入了一个新的历史发展时期，1979年9月5日国务院《关于当前农村沼气建设中几个问题的报告》中指出“兴办沼气关系到我国农村能源建设、肥料建设、环保和卫生建设，是实现农业现代化的一项重要内容”。1982年11月，全国第二次农村能源学术研讨会在成都举行。此次会议形成了国家农村能源建设“因地制宜、多能互补、综合利用、讲求实效”的 16 字方针。农村能源建设由自发的单项技术的开发利用到有组织、有计划、多项技术的开发利用，各地相继成立了农村能源办，加大了科技投入和技术创新力度。我国农村沼气建设进入科学指导和积极稳步发展的轨道。在“六五”期间，国家决定每年安排 4000 万元贴息贷款扶持农村沼气建设。1990 年末，我国农村户用沼气池约 467 万个。

三、农村能源综合建设与生态家园建设时期

这一时期，我国沼气事业进入了科学正确的发展轨道。至 2000 年“九五”末，全国发展农村户用沼气池近 800 万户，并涌现出了北方“四位一体”、南方“猪一沼一果”、渭北旱源“生态五配套”等一批优秀发展模式。

鉴于沼气技术在我国东部和发达地区取得了良好效果，2000 年开始，首批在陕西、甘肃、宁夏、青海、四川、贵州、云南西部 7 省启动了 10 个生态家园富民计划示范村，到年底又在全国安排了 76 个示范村。以后陆续实施中央投资 34 亿元，受益农户达 375 万户的“生态家园富民计划”。到 2004 年底，我国户用沼气已达 1500 万户，年生产沼气约 56 亿 m^3，约相当于 400 万吨标准煤，极大改善了农民的生活质量。

四、“十二五”时期农村沼气发展

“十二五”期间，农村沼气快速发展，在提供可再生清洁能源、

防治农业面源污染和大气污染、改善农村人居环境、发展现代生态农业、提高农民生活水平等方面具有重要作用，综合效益十分显著。

“十二五”期间，国家发展改革委会同农业部累计安排中央预算内投资 142 亿元用于农村沼气建设，并不断优化投资结构。根据农村沼气发展面临的新形势，2015 年调整中央投资方向，重点用于支持规模化大型沼气工程和生物天然气工程试点项目建设，农村沼气迈出了转型升级的新步伐。截至 2015 年底，全国户用沼气达到 4193.3 万户，受益人口达 2 亿人；由中央和地方投资支持建成各类型沼气工程达到 110975 处，其中，中小型沼气工程 103898 处，大型沼气工程 6737 处，特大型沼气工程 34 处，工业废弃物沼气工程 306 处。以秸秆为主要原料的沼气工程有 458 处，以畜禽粪污为主要原料的沼气工程有 110517 处。全国农村沼气工程总池容达到 1892.58 万立方米，年产沼气 22.25 亿立方米，供气户数达到 209.18 万户。

全国乡村服务网点达到 11.07 万个、县（区）级服务站达到 1140 处，服务沼气用户 3257.62 万户，覆盖率达到 74.3%，服务体系不断完善，服务能力显著提升；以沼气设计、沼气施工、沼气服务、沼气装备和“三沼”综合利用为主要内容的服务体系初步建立。

但是，随着近年来种养业的规模化发展、城镇化步伐的加快、农村生活用能的日益多元化和便捷化、农民对生态环保的要求更加迫切，农村沼气建设与发展的外部环境发生了很大变化。农村户用沼气使用率普遍下降，农民需求意愿越来越小，废弃现象日益突出；中小型沼气工程整体运行不佳，多数亏损，长期可持续运营能力较低，存在许多闲置现象。此外，现有的沼气工程还面临着原料保障难和储运成本过高、大量沼液难以消纳、工程科技含量不高、沼气工程终端产品商品化开发不足等瓶颈，一些工程甚至存在沼气排空和沼液二次污染等严重问题。因此，农村沼气亟待向规模发展、综合利用、效益拉动、科技支撑的方向转型升级。

2015 年，国家发展改革委和农业部联合印发了《2015 年农村沼气工程转型升级工作方案》，提出当年中央预算内投资将支持建设日产沼气 500 立方米以上的规模化大型沼气工程，开展日产生物天然气 1 万立方米以上的工程试点。当年，中央安排预算内投资 20 亿元，重点支持建设了 25 个规模化生物天然气工程试点项目与 386 个规模化大型沼气工程项目，其中，25 个生物天然气项目和 3 个特大型沼气工程日处理 14888.2 吨畜禽粪便（含部分冲洗水）、1411.1 吨秸秆、620 吨能源草、512.7 吨酒糟、40 吨餐厨垃圾，22.6 吨果蔬或其他有机废弃物，可生产沼气 102.66 万立方米，提纯后生物天然气 55.713 万立方米，主要用作车用燃料、居民、工业用气。

第二节　新时期我国农村沼气的发展方向

国家发展改革委和农业部会同有关部门、地方主管部门，在大量调查研究和反复论证的基础上，编制了《全国农村沼气发展“十三五”规划》明确了新时期农村沼气发展的方向。

一、服务于生态文明建设

中共十八大以来，生态文明建设已纳入“五位一体”国家总体战略布局，农村生态文明建设的任务也更加重要，农村生态环境向清洁化转变的要求也更加迫切。随着农业集约化程度提高和规模化种养业的快速发展，畜禽粪便随意堆弃、秸秆就地废弃焚烧等问题越来越突出，对大气、土壤和水等生产生活环境造成破坏，导致农业面源污染日趋严重。据测算，全国每年产生农作物秸秆 10.4 亿吨，可收集资源量接近 9 亿吨，尚有 1.8 亿吨的秸秆未得到有效利用，多数被田间就地焚烧；规模化畜禽养殖场每年产生畜禽粪污 20.5 亿吨，仍有 56% 未得到有效利用。2016 年底，习近平总书记在中央财经领导小组第十四次会议上指出，以沼气和生物天然气为主要处理方向，以就地就近用于农村能源和农用有机肥为主要使用方向，力争在“十三五”时期，基本解决大规模畜禽养殖场粪污处理和资源化问题。

农业发展不仅要杜绝生态环境欠新账，而且要逐步还旧账，要打好农业面源污染治理攻坚战，力争到2020年农业面源污染加剧的趋势得到有效遏制，实现“一控两减三基本”的目标任务。据测算，建设1处5000立方米池容的规模化大型沼气工程，每年可消纳3万吨粪便或0.6万吨干秸秆，可减少COD排放1500吨或颗粒物排放90吨。因此，发展农村沼气，能够有效处理农业农村废弃物、减少温室气体排放和雾霾产生、改善农村环境“脏、乱、差”状况等，留住绿水青山。

二、服务于农业供给侧改革

农业供给侧结构性改革的关键是“提质增效转方式、稳粮增收可持续”。为市场提供更多优质安全的“米袋子”“菜篮子”“果盘子”和“茶盒子”等农产品，是农业供给侧结构性改革的重要任务。2017年，全国大田作物播种面积24.82亿亩，亩均化肥施用量21.9千克，远高于世界平均水平（每亩8千克），是美国的2.6倍、欧盟的2.5倍。果树亩均化肥用量73.4千克，是美国的6倍、欧盟的7倍；蔬菜亩均化肥用量46.7千克，比美国高29.7千克、比欧盟高31.4千克。化肥的过量使用，增加了生产成本，在一些地区导致了土壤板结、地力下降、土壤和水体污染等问题。沼肥富含氮磷钾、微量元素、氨基酸等，可以替代或部分替代大田作物和果（菜、茶）园化肥施用，能够显著改善产地生态环境，生产包括大田作物、水果蔬菜茶叶在内的优质农产品，提升产品品质，有效满足人们对优质农产品日益增长的旺盛需求。据测算，建设1处日产500立方米沼气的规模化沼气工程，每年可生产沼肥1000吨，按氮素折算可减施43吨化肥，沼液作为生物农药长期施用可减施化学农药 20% 以上。因此，发展农村沼气能够实现化肥、农药减量，推动优质绿色农产品生产，保障食品安全。

三、服务于国家能源革命

我国能源生产供应结构不合理、总体缺口较大。2015 年，全国能源消费总量 43 亿吨标准煤，其中煤炭消费量占比为 64%，比重过高；天然气净进口量 621 亿立方米，对外依存度 32.1%。能源生产和消费要立足国内多元供应保安全，形成煤、油、气、核、新能源、可再生能源多轮驱动的能源供应体系。我国在 G20 峰会和巴黎峰会做出承诺，到 2030 年非化石能源占一次能源消费比重提高到 20% 左右。据测算，建设 1 处日产 1 万立方米的生物天然气工程，年可产生物天然气 365 万立方米，可替代 4343 吨标准煤。据统计，全国每年可用于沼气生产的农业废弃物资源总量约 14.04 亿吨，可产生物天然气 736 亿立方米，可替代约 8760 万吨标准煤。因此，发展农村沼气，可降低煤炭消费比重、填补天然气缺口，进一步优化能源供应结构。

四、服务于新型城镇化建设

《国家新型城镇化规划（2014—2020 年）》的发布开启了积极稳妥、扎实有序推进城镇化建设的新时期，规划到 2020 年，全国常住人口城镇化率达到 60% 左右，实现 1 亿左右农业转移人口和其他常住人口在城镇落户。据国务院发展研究中心研究表明，城镇化率每提高 1 个百分点，能源消费至少会增长 6000 万吨以上标准煤。同时，国家鼓励农村人口在中小城市和小城镇就近就地城镇化，这些地区民用燃气短缺、管网铺设投资和输送成本过高，现有的城镇燃气供应体系难以覆盖新型城镇化区域。据测算，每户每年炊事热水平均用天然气 284 立方米，要实现 1 亿农业人口转移年需增加沼气 118 亿立方米沼气。加之，城镇及农村地区经济水平不断提高，对优质清洁便利能源的需求显著增加，也对居住环境提出了更高要求。因此，发展农村沼气，生产供应清洁能源，能够实现新型城镇集中供气供热，满足炊事采暖用能需求。

第三节　新时期我国农村沼气典型案例

一、山东某粪沼气发电项目

1. 3MW 鸡粪沼气热电联供项目

山东某超大型鸡粪沼气工程集中处理 23 个养鸡场的粪污，日处理鸡粪 300 吨，通过中温沼气发酵，日产生物燃气 30000 立方米、日发电并网 60000kWh。该工程采用全混式两级厌氧发酵工艺，建设单体容积 3200 立方米的沼气罐 8 个，总容积达到 25600 立方米。2009 年 2 月，山东某“3MW 生物燃气热电联供项目”正式并网发电，工程于 2009 年 4 月 27 日在联合国成功注册为清洁发展机制(CDM)项目，年减排温室气体 80000 吨，为国内第一个大型畜禽养殖生物燃气发电 CDM 项目，连续 9 年全天候高效稳定运行，实现显著的温室气体减排效益。

该项目作为国内标杆性的生物燃气发电项目，在畜禽养殖行业率先实现了畜禽废弃物能源化沼气处理的产业化运行与管理，在有效改善生态环境的同时，提供清洁电能，节能减排，并对国内畜禽养殖废弃物的处理起到了示范与引领的作用，环境效益、社会效益显著。

2. 畜禽废弃物提纯生物天然气项目

该工程收集处理 50 公里范围内畜禽养殖废弃物，日处理畜禽废弃物 700 吨，采用全混式两级厌氧发酵工艺，建设单体容积 3700 立方米发酵罐 12 个，总容积达到 44400 立方米。畜禽废弃物经厌氧发酵高效制备生物燃气，日产生物燃气 7 万立方米，年产生物燃气 2500 万立方米，采用高效膜提纯工艺生产高纯度生物天然气，日产生物天然气 4 万立方米，生物天然气达到国家车用天然气标准，为当地工业用户、出租车、公交车供应生物天然气，同时项目建设村级生物天然气供气系统，为示范村村民供应生活用生物天然气。

畜禽废弃物提纯生物天然气项目可有效减少畜禽养殖带来的农业面源污染，改善养殖周边空气、水、土壤质量，推进农村生态文明建设，保障稳定供给农村居民生活用天然气，增加清洁可再生能源的使用，年减少温室气体排放 20 万吨，同时减少大气污染物排放，有效减轻雾霾，改善生态环境，社会、生态效益显著。

3. 沼液深度开发与高值化利用项目

针对生物燃气工程中沼液营养成分低、水分含量高、运输成本大、易对环境造成二次污染等问题，开发高效、低耗能的膜浓缩工艺及设备，富集沼液中营养物质，去除沼液中杂质和水分，实现沼液高值化利用。2013 年 1 月投入运营的沼液深度开发与高值化利用项目，日处理沼液 300 吨，日产高端有机水溶肥 20 吨，浓缩后清液循环用于养鸡场的冲刷鸡舍，实现零污染、零排放。项目真正实现生物燃气工程产品的多元化、增值化，有效延伸产业链条，充分发挥生物燃气工程在循环农业中的纽带作用。

项目生产的高端有机水溶肥可明显改善农田生态环境、土壤理化性状和土壤微生物区系，提高果蔬、作物有机种植品质，减少化肥农药的使用，满足“放心粮”“放心菜”民生需求的同时，减少种植成本，增加作物产量，提高种植户收入，社会效益显著。

图 6–2

二、农业部梁家河沼气示范工程

农业部梁家河沼气示范工程按照“以果定沼、以沼定畜、以畜促果”的“果沼畜”生态循环发展理念，围绕梁家河流域千亩生态果园进行建设。该示范工程采用热电肥联产工艺模式和模块化组装方式，建设厌氧发酵罐 280 立方米，双膜贮气柜 200 立方米，沼液池 130 立方米，沼气发电机组 40 千瓦，占地约 4 亩。每年可处理 1800 吨畜禽粪污，年产沼气 7 万立方米，年发电量约 12 万度，年减排温室气体约 800 吨二氧化碳当量；年产沼渣 100 吨，沼液 1500 吨，沼液沼渣作为有机肥用于千亩现代生态果园。农业部投资 220 万元，于 2017 年 3 月建成。该沼气工程项目由农业部农业生态与资源保护总站组织实施，陕西省延川县人民政府作为承担单位，杭州某公司负责工程建设，某集团负责项目运行。

图 6-3

三、湖北华电龙感湖生物质沼气发电项目

该项目占地面积约31亩，由湖北省发改委核准，总投资5398万元，装机容量为1338kW，包括2台635kW内燃发电机组和1台68kW双螺杆膨胀动力发电机组，以10kV线路接入龙感湖电网。该项目工程于2010年11月正式动工建设，2012年5月开始试运行，截止到2013年12月31日，公司已累计完成发电量380余万千瓦时。

该项目以毗邻公司的湖北某公司生猪养殖场提供的粪便、尿液和冲洗水为原料，采用世界先进的德国MT公司的制沼工艺和设备制备沼气，再将沼气供给GE Jenbacher高效内燃发电机组进行并网发电，同时，还利用内燃机烟气余热产生蒸汽驱动双螺杆膨胀动力发电机发电。该项目在对养殖场粪污进行无公害化处理的同时，还对粪污进行资源化开发利用，沼气用于发电、沼液用于灌溉农田、沼渣可生产有机肥。

项目达产后，每年可向电网输送约800万千瓦时的清洁电能，产生固态沼渣肥 0.92 万吨、液态沼液肥 14 万余吨，每年可减少二氧化碳排放量 4 万吨，可真正实现粪—气—电—肥—田的循环经济发展模式，项目的实施产生了良好的社会效应、环保效应，极大地促进节能减排政策的实施。2012 年 12 月，公司的 CDM 项目在联合国成功注册。

湖北龙感湖沼气发电项目既是中国华电集团公司投资建设的第一个生物质沼气发电项目，也是湖北省第一个以动物粪便为原料的并网运行的沼气发电项目。该项目一直得到了国家能源局、湖北省委省政府等各级政府有关部门的高度重视。公司将秉承“团结和谐、开拓创新、诚信合作、求真务实”的企业精神，坚持“安全、高效、节能、环保”的企业经营理念，力争将企业建设成为我国沼气发电行业示范和标杆。

图 6–4

四、河北某规模化生物天然气工程

河北某公司规模化生物天然气试点工程是国家发改委和农业部2015年的试点项目，总投资11280万元，其中中央预算内投资4500万元，经三河市政府批准政府扶持资金2820万元。项目年消纳农作物秸秆11万吨，畜禽粪便2万吨，年产沼气1178.95万立方米，年产生物天然气528.33万立方米，年产沼渣固态有机肥1万吨，沼液液态有机肥0.7万吨，能够有效解决区域秸秆等农业废弃物、畜禽粪污等环境污染问题，改善生态环境；生产有机肥料，促进生态循环农业发展；提供新型能源，节能减排，清洁空气。

厌氧发酵采用成熟稳定的CSTR发酵工艺，单罐容积为3600立方米，9个厌氧发酵罐总有效容积32400立方米。厌氧发酵罐配备德国进口中心顶搅拌，保证搅拌效果的情况下最节能，且9个厌氧发酵罐进料方式为泵进泵出。通过集成化的进出料系统设计，可以全自动实现间歇进料和9个厌氧罐相互倒料和可单罐独立运行、串联并联运行。沼气提纯技术采用三级膜提纯技术，甲烷回收率达到99%以上。沼气脱硫采用成熟稳定的化学脱硫工艺；沼气应急处理装置为内燃式火炬燃烧系统，厂区内如有应急情况火炬自动启动，沼气燃烧排放，确保厂区安全，且无污染。发酵后的部分沼渣提供给华夏畜牧作为垫床，换取牛粪作为生物天然气原料，其余部分进入固体有机肥生产线，生产沼渣有机肥、有机无机复混肥和生物颗粒菌肥。多余沼液生产沼液灌施肥、滴灌肥和叶面肥。

第七章

生态农业建设的发展与案例

生态农业强调因地制宜利用现代科学技术并与传统农业技术相结合，实现农业高产优质高效持续发展。生态农业在我国进一步优化选择的重要模式是有机农业。有机食品生产基地建设是推动农业绿色转型和保护农村生态环境，建设绿色乡村的有效载体和重要推手。

第一节　生态农业与有机农业起源与发展

生态农业一词最初是由美国土壤学家 W·Albreche 于 1970 年提出的，1981 年英国农学家 M·Worthington 将生态农业明确定义为“生态上能自我维持，低输入，经济上有生命力，在环境、伦理和审美方面可接受的小型农业”。在西方，生态农业作为各种替代农业模式之一，中心思想是将农业建立在生态学基础上而不是化学基础上，以避免石油农业带来的危机。其实西方国家的生态农业就是有机农业的另一种叫法，基本等同于有机农业。我国的生态农业于 20 世纪 70 年代末 80 年代初提出，其基本思想与西方生态农业一致。但是，我国生态农业更加强调因地制宜利用现代科学技术并与传统农业技术相结合，充分发挥地区资源优势，依据经济发展水平及“整体、协调、循环、再生”的原则，运用系统工程方法，全面规划、合理组织农业生产，对中低产地区进行综合治理，对高产地区进行生态功能强化，实现农业高产优质高效持续发展，达到生态与经济两个系统的良性循环和经济、生态、社会三大效益的统一。当前，我国环境承载力已达到上限，生态产品与供给需求矛盾加剧，生态环境成为全面建成小康社会的突出短板。习近平总书记在党的十九大报告中指出要树立和践行绿水青山就是金山银山的理念，形成绿色发展方式和生活方式，坚定走生产发展、生活富裕、生态良好的文明发展道路。2015 年，中共中央、国务院印发《关于加快推进生态文明建设的意见》，特别提出要发展有机农业、生态农业等绿色产业。2016 年，国务院发布的《“十三五”生态环境保护规划》中亦明确提出要“发展生态农业和有机农业，加快有机食品基地建设和产业发展，增加有机产品供给”。有机农业是生态农业的进一步优化选择的重要模式，更加适合当前我国农业绿色发展和推动供给侧结构性改革的发展需求，是保护生态环境、为社会群众提供优质生态产品的重要途径，更是建设生态文明和美丽中国的有效抓手。

有机农业（organic agriculture）是指遵照特定的农业生产原则，在生产中不采用基因工程获得的生物及其产物，不使用化学合成的农药、化肥、生长调节剂、饲料添加剂等物质，遵循自然规律和生态学原理，协调种植业和养殖业的平衡，采用一系列可持续的农业技术以维持持续稳定的农业生产体系的一种农业生产方式。20 世纪 40 年代在美国建立的“罗代尔农场”（Rodale）就是世界上最早的有机农场之一。随着现代石油农业对环境、生态和人类健康影响的日益加剧，发达国家纷纷于 20 世纪 60~70 年代自发建立了有机农场，开始了有机农业的实践。以生态环境保护和安全农产品生产为主要目的，有机农业在欧、美、日以及部分发展中国家得到快速发展。生态环境部是我国有机食品事业的倡导者，早在 1994 年，原国家环境保护局就批准成立“国家环境保护局有机食品发展中心”，并相继发布了《有机(天然)食品标志管理章程》《有机(天然)食品生产和加工技术规范》和《有机食品技术规范》（HJ/T 80-2001）等一系列标准和规范，初步确立了我国有机产品认证及产品的规范标准体系，为我国有机产业的健康发展奠定了良好基础。2003 年以后，有机认证划归国家认监委统一监管并于 2005 年出台了《有机产品》国家标准（GB/T 19630）和《有机产品认证管理办法》，颁行了统一的认证标识。2011 年，国家认监委对《有机产品认证实施规则》和《有机产品》国家标准进行了修订，有机产业发展监管进一步得到规范。有机农业以“健康、生态、公平、关爱”为原则，是一种典型的环境友好型、可持续的绿色生产方式。

（1）健康原则（Health）：健康原则要求将土壤、植物、动物、人类和整个地球的健康作为一个不可分割的整体而加以维持和加强。健康是体现了生命系统的统一性和完整性，不仅指人类的健康，也包含地球上其他生物的健康，例如：水、土壤、植物、动物、微生物等。健康原则认为健康的土壤可以生产出健康的作物，而健康的作物是健康的动物和健康的人类的保障。因此，不论在农作、加工、销售和消费中，有机农业的作用都要维持和增强整个生态系统以及从土壤最小生物直到人类的所有生物的健康。这里的健康并不仅仅指没有疾病，免疫能力、适应性、可再生性也是健康原则的关键特征。健康原则有助于维护整个生态系统的利益。

（2）生态原则（Ecology）：生态原则强调有机农业的生产应以循环利用和可持续发展为基础。为实现系统的生态平衡，需要对农业体系进行设计、为野生动植物提供多样化的生境，并保持基因与农业多样性。而且，所有从事有机产品生产、加工、销售及消费有机产品的人都应为保护包括景观、气候、生境、生物多样性、大气和水在内的公共环境做出贡献。有机农业强调尊重生态规律，包括自然地理气候条件、生物多样性等，做到因地制宜，充分依靠并发挥生态系统本身功能的特点和优势，不使用转基因技术、化学合成的农药和肥料等，尽量减少对生态系统的干扰，甚至保护和改善当地生态系统的功能，达到农产品的提质、保量、增产。此外，有机农业通过回收和循环利用使资源和能源都能得到管理，较少使用外部投入品，来改善生态环境质量，保护生态自然资源。生态原则体现了有机农业的和谐、循环、低碳的理念，通过促进资源、能源、环境的循环和可持续发展来实现生态平衡。

（3）公平原则（Fairness）：公平原则强调发展的互利共赢。有机农业倡导建立开放、机会均等的生产、流通和贸易体系，以公正、公平的方式管理自然环境、利用生态资源。公平原则要求我们尊重人类共有的世界，平等、公正地管理这个世界，这既体现在人类之间，也体现在人类与其他生命体之间。有机农业应向所有相关人员提供高质量的生活，并保障食物主权和减少贫困，其目标是生产足够的食物和其他高质量的产品。公正原则强调所有从事有机农业的人都应当以公平的方式来处理各种人际关系——包括农民、工人、加工者、经销者和消费者等之间的关系。这一原则还要求根据动物的生理特征、自然习性及它们的健康需要来为它们提供其必要的生存条件和机会。公平要求生产、分配和交易的系统都是平等、公开透明的，而且需要考虑到真正的环境和社会成本，倡导人与人、人与自然万物、人与社会之间的公平，使相关方共同达到互利共赢的发展状态。

（4）关爱原则（Care）：关爱原则有利于保障健康与福利。关爱原则包含关爱自然环境、关注动物福利、关爱人类，关爱社会等。有机农业禁止使用化学合成的肥料、农药、食品添加剂等，这在一定程度上不仅体现了人类对自然环境的关爱与保护，也减少了有机生产者与化肥、农药等的接触，关爱有机生产者的身体健康。有机农业也重视在生产过程中的动物福利，善待动物，不仅体现了人类对动物的关爱，同样也保证了动物和人类的健康安全。有机农业是一个充满活力的动态系统，预警和责任是有机农业的管理、发展和技术选择所要考虑的两个关键因素。从事有机农业的人应对拟采取的新技术进行评估，对正在使用的方法也应当进行审核；要充分关注生态系统和农业生产中的不同观点和认识，不能为提高系统的效率和生产力而对人类和环境的健康和福利造成危害。有机农业在技术选择上，要报以审慎和负责的态度，即使某些新技术、新手段和新产品能够显著提高生产力，在其安全性还没有完全确定之前，也不要轻易采用，比如，当前颇受争议的转基因技术和转基因产品。有机农业要通过合理的技术选择、抵制无法预知后果的技术等方式来防止重大风险的发生，要采取多方参与的方式进行决策，所做的任何决定都应公开明了，要如实反映出各方的价值和诉求。

秉承有机农业的四大原则，实际在有机食品生产基地的遴选中，应尽量远离城区、工矿区、交通主干线、工业污染源、生活垃圾场等，同时基地应具备优良的水、气、土等环境质量，产地土壤环境质量应符合 GB 15618 中的二级标准；农田灌溉用水水质符合 GB 5084 的规定；环境空气质量符合 GB 3095 中二级标准和 GB 9137 的规定。基地的生产单元边界应清晰，所有权和经营权应明确，并且已按照《有机产品》国家标准的要求建立并实施了有机生产管理体系。由常规生产向有机生产发展需要经过转换，经过转换期后播种或收获的植物产品或经过转换期后的动物产品才可作为有机产品销售。就种植类产品来说，按照国家标准，一年生植物的转换期至少为播种前的 24 个月，草场和多年生饲料作物的转换期至少为有机饲料收获前的 24 个月，饲料作物以外的其他多年生植物的转换期至少为收获前的 36 个月，新开垦的、长期撂荒的地块也应经过至少 12 个月的转换期。有机生产应通过适当的耕作与栽培措施维持和提高土壤肥力，包括：回收、再生和补充土壤有机质和养分来补充因植物收获而从土壤带走的有机质和土壤养分；采用种植豆科植物、免耕或土地休闲等措施进行土壤肥力的恢复；可施用有机肥以维持和提高土壤的肥力、营养平衡和土壤生物活性，同时应避免过度施用有机肥，造成环境污染。病虫草害防治的基本原则应从农业生态系统出发，综合运用各种防治措施，创造不利于病虫草害孳生和有利于各类天敌繁衍的环境条件，保持农业生态系统的平衡和生物多样化，减少各类病虫草害所造成的损失。应优先采用农业措施，通过选用抗病抗虫品种、非化学药剂种子处理、培育壮苗、加强栽培管理、中耕除草、耕翻晒垡、清洁田园、轮作倒茬、间作套种等一系列措施起到防治病虫草害的作用。还应尽量利用灯光、色彩诱杀害虫，机械捕捉害虫，机械或人工除草等措施，防治病虫草害。当所提及的方法不能有效控制病虫草害时，可使用《有机产品》（GB/T 19630）附录 A 表 A.2 所列出的植物保护产品。

第二节　有机食品生产基地案例

有机食品生产基地建设是推动农业绿色转型和保护农村生态环境，建设绿色乡村的有效载体和重要推手。原环境保护部自 2003 年即开展了国家有机食品生产基地的创建工作，多年来涌现出众多优秀的有机食品生产基地。基地秉承从事有机生产保护生态环境、生产安全优质产品、促进农业可持续发展的理念，采用多种种养结合循环生产模式，以及绿色低碳的有机生产技术，在保护和改善农村生态环境、推进生态文明建设和美丽乡村建设、提高食品安全水平、推动农村经济发展和宣传有机生产理念等方面发挥了积极有效的作用。

一、有机食品生产基地典型案例

1. 江苏省某有机食品基地

2014 年度国家有机食品生产基地——江苏省某有机农业专业合作社以专家引领，以基层党委为核心，以合作社为生产主体，在从事多年有机生产的基础上，着力探索有机循环农业模式并进行积极实践，在资源的综合利用、投入物质的循环使用方面走在了行业前列。在技术专家的带领下，村民积极发展有机农业，用生态理念打造该基地。以种植大户为龙头，牵头成立农业专业合作社，把农民集中起来学习经营和管理知识，聘请有机农业和加工方面的专家对生产和加工实施指导，严控生产标准，杜绝因小农户分散管理而造成的风险。在有机食品生产过程中，优先选用低能耗、优质高效品种。如水稻选用“越光”品种，对肥、水需求较低，氮肥需要量只有常规水稻的 1/3，用水量只需常规水稻的 3/5，尽管产量只有常规水稻的 2/3，但因米饭品质特佳，单价可高出 6 ~ 7 倍。基地采用稻田套种绿肥、大行稀植等技术；充分利用冬春季太阳光能培养绿肥，在栽培过程中水田有机水稻收获前混播红花草和黑麦草作基肥替代化肥；充分利用田间稀密度大行透进的阳光，促进稻苗健壮生长且减轻病虫害，少用、不用农药，有效节约了资源投入。同时，基地还积极探索农业副产物的还田使用和发展农牧结合的循环经济农业。稻草收割时切碎直接还田，大米加工形成的稻谷壳及油菜秆加工成醋液、秸秆碳，醋液用作植物病虫害防治及畜禽舍消毒，秸秆碳用作蔬菜、水稻育秧基质成分或直接做肥料，还能有效防治土壤强酸化及其带来的病虫危害。近年来，基地还在生物肥料公司的帮助下，大量使用醋糟微生物发酵有机肥，向贫瘠的丘陵土地大量投入了有机质和能加快分解有机质的微生物，显著促进当年作物生长，有机水稻亩产提高 20%。原环境保护部南京环境科学研究所对该社有机稻田的研究发现：稻田中的动物有环节动物、软体动物、节肢动物、鱼类、鸟类等共 10 纲 31 目 127 种，物种多样性非常丰富。此外，该社还积极发展养牛、蔬菜水果种植等其他有机产业，将全村 80% 的农户纳入有机生产的队伍，同时在江苏南京、镇江建立了有机食品直销专柜，获得了可观的经济效益。2002 年，该社的村民年均收入不足 3000 元，到 2016 年村民年均收入已达 2.6 万元。正是有机产业发展带动了当地农户增收致富，促进了当地经济的发展，使一向贫穷落后的村子成为远近闻名的“生态村”“小康村”。

2. 辽宁盘锦某米业有机食品基地

盘锦某米业有限公司成立于1953年，是一家拥有60多年历史的科技型稻米种植、生产和加工企业。多年来，该米业在绿色、有机优质水稻生产和加工领域具有独特的优势。公司拥有自营有机水稻和绿色水稻生产基地共4万亩，其中有机水稻种植基地6819亩。公司自2001年以来一直从事有机水稻的种植和生产加工业务，其基地是全国首批国家有机食品生产基地之一。多年来，本着“人与自然和谐发展”的理念专门成立生态建设委员会，在72km^2的土地上不懈地进行生态环境建设，把植树造林作为发展生态农业的重要举措。几十年来，在稻田周围累计植树200余万株，森林面积达到20000余亩，森林覆盖率达30%。有机食品基地生产的有机水稻完全采用有机的生态种植方式，施用天然有机肥，采用生物、物理的方法控制病、虫、草、鼠害。水稻基地内杜绝施用化肥、农药、激素等人工合成的化学物质。稻田基地内统一散养河蟹，河蟹以稻田中的浮游生物和昆虫为食，在稻田活动的过程中，疏松了土壤、增加了土壤含氧量，使水稻的根系更加发达；另外河蟹喜欢吃小草的幼芽，能有效控制草害，基地杜绝使用除草剂；河蟹生长过程中排泄的粪便还可作为有机肥提高土壤肥力；有机水稻基地采用黑光灯和飞蛾诱捕器灭虫。基地在有机生产方面的经验做法得到社会的广泛认可，央视《走进科学》《科技博览》和众多地方媒体如《王刚讲故事》《羊城晚报》等先后对基地进行了采访报道。

3. 福建某有机茶生产基地

漳州某有机茶园位于福建省漳州市华安县沙建镇岱山村，从 2007 年起连续获得欧盟、日本和美国的有机认证。某有机茶园茶山占地面积 2350 亩，年产毛茶 40000kg 左右。有机茶园采用立体种植体系，通过套种树木、林下养鸡、施用有机肥等生态管理模式，代替化学农药和化肥的使用，逐步完善茶园的生态系统和生物多样性，从而达到茶园可持续生态化生产。基地从 2003 年开始引进了包括灰木莲、相思红豆、降香黄檀、沉香、蓝花楹、任豆等 10 余种珍贵树种。套种树木吸引了包括鸟类和益虫等多种生物在茶园栖息，起到生物除虫作用；树木发达的根系起到保护水土的作用；树木会吸引害虫啃食从而对茶树起到一定的保护，降低茶叶的损失；落叶又作为土壤肥料还田。茶园的所有茶叶种植不使用化学农药，采用生物防治和物理防治控制病虫害。生物防治方面主要利用生物多样性和茶园的食物链控制虫害。茶园内通用散养鸡来控制减少虫害，同时利用降香黄檀散发的味道有驱避害虫的作用，有效减缓小绿叶蝉和茶丽纹象甲等茶园主要病虫害的发生与危害。物理防治包括喷洒辣椒水和定期人工除虫。茶园已基本能够通过内部生态系统和生物多样性控制病虫害，因此从 2014 年开始已相继停止使用粘虫板和太阳能灭虫灯等物理杀虫设备。为了保证土壤养分和防止水土流失，茶园工作人员尽量减少除草次数，只在采摘茶叶时人工拔去茶树间杂草提高采摘率。除草后的杂草被直接铺在茶树下用来抑制新生杂草和防治害虫，或被收集后沤肥还田。茶园每年从内蒙古运回羊粪后在茶园内堆肥后做有机肥使用。此外，茶园也利用茶叶生产过程中的茶梗和茶末混合杂草等沤肥做成肥料，替代化肥的使用。有机茶园10余年采用有机种植，产生了较好的综合效益。有机种植保持甚至提高了土壤肥力，土壤没有出现板结和水土流失的现象。使用羊粪、有机茶梗和杂草沤肥后，在肥料方面的投入从最初的每年需要用10个集装箱羊粪减少到目前7箱。大量套种的树木已经将茶园建立起小范围生态系统。实践证明，该茶园已基本依赖生态系统中的食物链控制虫害，不再需要过多的人为干预。同时，随着种植环境的不断改善，茶叶产量也逐渐提高。可以说，基地通过长期的生产实践，已经摸索出一套环境、经济和社会效益综合发展的有机茶叶生产模式。

二、整县域推进有机食品基地建设典型案例

1. 贵州省凤冈县

2010年，凤冈县189.7ha有机茶基地为主体申报成为贵州省第一个原环境保护部“国家有机食品生产基地”——贵州凤冈县有机茶基地。凤冈县国家级有机茶叶生产示范基地地处国家AAA级旅游景区“茶海之心”景区的腹地，以山地丘陵为主，森林覆盖率达到65%，雨量充沛、热量丰富、四季分明，立体气候明显，非常适合于茶树的生长。凤冈县通过制定全县有机产业发展规划，进一步推动了有机茶标准化、规模化、规范化发展，保障了有机茶叶质量。在政府的支持下，通过合作社带动农民积极发展有机茶产业，高标准严要求管理茶园，充分发挥“国家有机食品生产基地”的示范与带动作用，通过有机开发，有机基地实现农药、化肥的零投入，可降低面源污染，减少水土流失，有效保护环境，保持生态平衡，形成良性循环，促进农业可持续发展，

生态效益十分显著。带动田坝周边乡村乃至全县有机茶产业发展，实现了农业增效农民增收，实现了良好的经济、社会和生态环境效益。

有机产品标准要求有机农业所需肥料优先采用体系内部肥源。为了解决示范基地肥料来源问题，结合凤冈县农业部门沼气池建设项目，凤冈县有机茶生产示范基地采用了种养结合的建园模式，通过充分腐熟的畜禽排泄物提供有机茶生产过程中所需养分。这样既符合有机产品标准要求，又降低了有机茶生产成本，还解决了有机茶初期只投入不产出的问题。

凤冈县有机茶基地位于低纬度、高海拔地带，占据了优质茶叶种植所需的重要地理优势。为进一步提高有机茶叶品质，增加有机茶市场竞争能力，基地内选择桂花等宜植品种树木与茶树按照一定比例进行套种，一方面改善了基地局部的生态条件，另一方面通过套种树木形成漫射光提高了茶叶品质。

经过多年的实践应用，这种“猪沼茶林”的生态建园模式被全县推广，现今全县 35 万亩茶园，70% 为标准的“猪沼茶林”模式。通过有机茶叶基地的建设可以促进农业生产经营方式的改革，提高周边农民的技术素质和环境保护意识，充分利用农村丰富的劳力资源，促进农村剩余劳动力的就地转移吸纳。凤冈县着力打造以基地为主体的茶海之心景区，吸引了越来越多的游客，对促进当地有机茶产品、小商品、客运等产生巨大影响，尤其是通过有机茶产品的销售，在促进财政税收的同时，更促进了茶产业的发展。

为了保证有机茶叶基地所生产茶叶的质量安全，凤冈县建立了“三级五方”有机茶叶质量安全监管体系，即县级农产品质量安全监测中心、县级农产品质量安全监管股、乡镇农产品质量安全监测站、乡镇农产品质量安全监管站、企业（合作社）农产品质量安全监测室，通过严密的机构设置对有机茶叶基地进行内外共同监督，结合质检、工商、卫生等相关部门对茶叶各环节联合执法，确保示范基地生产的有机原料以及成品茶叶的高标准质量要求。此外，凤冈县充分利用基地所在地丰富的生态旅游资源，打造茶旅一体化产业链营销模式，全力推进田坝生态有机茶生产示范园区建设，建设特色茶文化馆、茶艺术馆，进一步弘扬茶文化等措施，在全县上下营造知茶、懂茶、爱茶的茶文化氛围，助推茶旅一体化发展。观光农业通过旅游的带动而走向市场，建立自己的市场地位，获得巨大经济效益。同时，观光农业又为旅游的开展提供了生产性景观与休闲娱乐等配套服务，丰富了旅游的内涵。有力的有机产业政策扶持奖励制度是凤冈整县域推进有机食品基地建设的重要法宝。

2005 年开始，凤冈明确提出针对发展有机产业的扶持奖励政策，并逐年加大扶持力度，解决了有机茶基地前期投入高的问题，激励凤冈县更多茶叶企业、大户加入有机茶生产加工，形成有机茶产业的良好发展态势。此外，为扩大凤冈县有机茶叶利润空间，增加合作社社员收入，凤冈县政府与北京大学环境公共政策研究社合作进行有机茶叶公平贸易认证的探索，通过凤冈县现有出口茶叶企业的国外市场，对示范基地有机茶叶进行公平贸易认证，以获得更高的销售价格，利用社员增加的收益进行有机茶示范基地一系列技改和培训活动，以完善有机生产与市场对接的良性循环。

2. 江西省万载县

地处赣西北边陲的万载县是一个山清水秀的生态名县，全县森林覆盖率 65%，县域内水土大气环境相对独立，自然生态环境良好。万载县最早于 1999 年开始区域化、规模化发展有机农业，长期坚持推进产业化发展，目前已在县域范围内建成了规模化的有机生产基地，逐步形成了生产、加工、贸易、旅游、研发“五位一体”的有机产业格局。在发展有机产业过程中，万载县采取了一系列积极措施，推动有机产业的规模化发展。首先，提倡政府主导，科学规划，统筹推进，构筑了县乡村组纵向相连，政府、企业、农民横向对接的有机生产质量监管“网”；其次，由企业、合作社与基地农民通过订单契约联结成有机产品质量监管“链”；再次，大力扶持壮大种植大户、农民专业合作社、加工龙头企业，实行“公司 + 合作社 + 农户”的方式发展现代有机农业，使全县有机农业生产集约化、规模化比例达 50% 以上；最后，大力建设服务平台，引入先进科技保障产业发展，积极与科研院校长期开展深度合作，在生态农业新技术、新品种、新理念应用上成果显著。

自 2005 年首次通过国家有机食品生产基地考核以来，万载县从早期采用的欧盟、美国、日本等国际有机农业标准开展有机转换和有机生产，到近几年来增加的国标认证，产品定位于国际、国内高端市场，在多个乡镇区域化整体推进。目前，全县已有获得有机认证土地面积 28.4 万亩，其中耕地面积 8.3 万亩，有机野生采集面积 20.1 万亩，农产品 38 个，加工产品 160 多个，有机产业年产值突破 18 亿元。以国家有机食品生产基地建设为契机，万载县委、县政府近年提出了“建设一城两园，主攻三大产业”的发展战略，将以有机农业为特色的现代农业作为重要支柱产业加以倾力打造。发挥良好的生态优势和扎实的产业基础优势，力争将万载县打造成县域有机产业发展的排头兵。

第八章

农用投入品环境污染现状与对策

我国是农药、化肥、农膜等农用投入品生产和使用大国。自 2006 年起，农药生产量和使用量均超过百万吨，位居世界第一位；我国化肥产量已占到世界化肥总产量的 1/5 以上；化肥施用水平也远高于其他国家；农膜产量以每年接近或超过 10% 的速度递增，使用面积已突破亿亩。农药、化肥、农膜等在保证农业高产方面具有重要作用，但高投入的农用投入品已对环境、生态、食品和人类安全造成了诸多不良影响。

第一节　农业投入品过度使用导致环境污染与生态危害

一、农药环境污染与生态危害

化学农药的大量长期使用已对环境和生态造成了诸多不良影响。农药喷施约有 60% ~ 70% 进入环境，有效利用率不足 30%。若喷洒液体农药，仅有 20% 附着在植物体上，1% ~ 4% 接触到目标害虫，其余 40% ~ 60% 沉积在土壤中，5% ~ 30% 的药剂飘散于空中。六六六、滴滴涕均为国际公约中首批控制的 12 种持久性有机污染物，我国于 1983 年禁用。农田土壤中有机氯农药残留检测量仍较高，东部某市各监测单元六六六的最高残留浓度为 9.6 $mg \cdot kg^{-1}$，滴滴涕的最高残留浓度甚至更高，达到 45.9$mg \cdot kg^{-1}$。

土壤中残留的化学农药，通过淋溶或径流的方式进入地下水或地表水中，导致水环境污染。早在 1962 年 Bonde 等人就发现井水中有农药残留，只是直到 1982 年确认地下水农药污染导致人体中毒事件后才引起重视。我国北方某些省份等地涕灭威及其降解产物检出率在地下水中为 11%；地表水中检出率达到 88%；南方沿海地区地下水中呋喃丹、莠去津、乐果检出率在 14.7% ~ 34.3%；东部一些地区曾在饮用水源地分别检出农药（异构体、代谢物）30 种和 25 种，已对水生生态系统构成风险的品种有甲萘威、毒死蜱、高效氯氟氰菊酯、氟乐灵、氯氰菊酯、阿维菌素、甲草胺、噻嗪酮等常见农药。

二、化肥环境污染

化肥是粮食的粮食，但我国肥料当季利用率，氮肥仅为30%~35%，磷肥只有10% ~ 25%，钾肥利用率40% ~ 50%。2013年我国化肥产量7030万吨，占全球2.344亿吨总产量的30%以上，我国肥料消费量5912万吨，占全球肥料总消费1.79亿吨的33%。单位播种面积化肥用量远远超出发达国家为防止水体污染所设置的225 $kg \cdot hm^{-2}$的安全上限值。连续大量施用化肥，不仅浪费资源，增加农业生产成本，也带来水体富营养化、温室气体排放、土壤酸化和病虫害加重等一系列环境问题。

化肥施入土壤后通过以下三种途径进入环境，①被作物吸收利用；②残留土壤中；③挥发或流失进入大气或水体。通常，在水稻上氮肥的损失率多为30% ~ 70%，在旱作上则多为20% ~ 50%。苏南太湖流域稻麦轮作区5个点的观测结果表明，稻田泡田弃水和地表径流所损失的氮分别相当于氮肥施用量345 $kg \cdot hm^{-2}$的2.7%和5.7%，加上淋洗损失3.0%，通过水循环损失的氮总计为11.4%。连续高倍量施肥造成土壤氮素高度富集的蔬菜地的氮素径流流失，对周围水体的威胁更大。施入土壤的氮肥，经一系列的变化过程会产生氮氧化物释放到大气中，其中N_2O不易溶于水，化学活性差，是重要的温室气体，可传输到平流层，与臭氧作用，破坏臭氧层。

三、农膜环境污染

统计数据显示，1998 年时我国塑料薄膜年使用量为 120.69 万吨，2008 年时为 200.69 万吨，增长幅度高达 66%，地膜覆盖面积达到 1530 万公顷，地膜使用量达到 95.9 万吨。20 世纪 90 年代初农业部对全国 17 个省市调查结果表明，所有农膜覆盖过的农田土壤均有不同程度的农膜残留。

农膜残留导致土壤普遍存在农膜增塑剂——邻苯二甲酸丁酯（DBP）和邻苯二甲酸异辛酯（DEHP）污染。增塑剂（邻苯二甲酸酯类化合物）对植物有毒害作用，特别对蔬菜有较大危害，而且邻苯二甲酸酯类化合物也能从各种途径进入环境，污染食品、粮、菜等，且有明显的富集作用，它们进入食物链影响人畜健康。此外，残膜难以分解，长期滞留在土壤中，影响土壤的透气性，阻碍土壤水肥的运移，影响土壤微生物活动和正常土壤结构形成，最终降低土壤肥力水平，影响农作物根系的生长发育，导致作物减产。

四、农药包装废弃物环境污染状况

我国是农药生产和使用大国，目前我国农药生产企业有 2000 多家，国内每年农药制剂的使用量 100 多万吨。农药液体制剂包装材质多以塑料瓶、玻璃瓶为主，乳液状、粉状农药以铝箔等材料为主，其中塑料瓶占 45% ~ 50%，玻璃瓶占 20% ~ 25%，铝箔等包装袋占 30%。由于农药包装材料的小型化，导致其使用数量大，每年生产的农药包装物达到100亿个，回收难度大。保守估计我国每年废弃的农药包装物有数十亿个，重量大约有10万～15万吨。

农药包装废弃物对环境危害影响一方面来自包装材料，另一方面来自残留农药。由于玻璃、塑料等材质在自然环境中难以降解，散落于田间、道路、水体等环境中，破碎的玻璃瓶会对田间耕作的人畜造成直接伤害，乱扔的农药玻璃瓶扎伤农民及农村儿童的事情常有发生。废弃包装中的残留农药会释放到环境中，对土壤、地表水、地下水和农产品等造成直接污染。2003年，江苏省无锡市就曾发生包装废弃物中残留农药造成几十名拾荒人员中毒的事故。

第二节　农用投入品环境安全管理现状

由于我国人多地少，为了保障粮食高产，存在大量施用化肥、农药、农膜等现象，导致农村生态环境受到了严重的污染。随着环境保护工作力度的不断加大，我国政府、有关部门在控制农业污染、保护农业生态环境方面都开展了一些工作。我国《环境保护法》（1989）对保护农村环境保护作了基本的规定；《农业法》（2001）对农业资源与农业环境保护作了专章规定；《固体废物污染环境防治法》（2004）、《矿产资源法》（1996）等环境资源法律也对农村环境保护作了规定；新修订的《农药管理条例》（2017）规定环境保护主管部门应当加强对农药使用过程中环境保护和污染防治的技术指导。

然而，我国化肥、农药、地膜等农用投入品和农药包装废弃物使用环境安全管理仍严重滞后于国际管理的总体步伐，也滞后于国内的环境管理需求，在环境安全管理方面还未形成较为完善、系统的管理体系，主要存在以下几个不足：

（1）环境污染防治机制和制度不健全。我国农用投入品环境污染存在使用量大、面积广、地域差异大的特点，但有效的综合管理机制和制度还不完善，缺乏有效的、长期的环境污染防治机制和制度。

（2）基层环境保护体系仍比较薄弱。农村环境管理机构及其能力建设不足，基层环境监督管理机构、人员队伍、执法手段、资金都很缺乏，而由于农村地大面广，环境污染与破坏行为发生在广泛地区，发现困难，又不同程度地存在着地方保护主义现象，有关职能部门在监管或执法时往往力不从心。

（3）缺乏公众参与环境监督管理基础。由于我国农民文化水平相对较低，环境意识淡薄，缺乏公众参与环境监督的基础，同时也未建立良好的公众参与机制与途径。因此，农用投入品环境安全管理工作实施困难。

（4）针对我国农用投入品环境安全管理中存在的问题，从管理制度、环境法规与标准体系、法规执行力、奖励机制、民众意识、技术推广等多个层面构建农用投入品使用环境安全管理体系，有助于环境保护管理部门指导、协调和监督农用投入品使用污染防治具体工作的开展，拟定农用投入品使用环境污染防治政策、法律、法规、规章、标准；协调并监督农村环境保护工作，有利于农村环境综合整治工作，有利于生态示范建设与生态农业建设。

第三节　农用投入品回收处理实践——以余杭区为例

一、余杭区农药包装物概况

杭州市余杭区地处浙江省北部，位于杭嘉湖平原和京杭大运河的南端，西依天目山，南濒钱塘江。随着余杭区的农业生产的快速发展，农作物产量不断提高，农药、化肥的施用量也大幅增加，余杭区使用的农药主要为杀虫剂、除草剂和杀菌剂。据 2007 年余杭区第一次农业污染源普查结果，余杭区几种对环境影响较大的农药总用量（折纯）29869.46 千克。目前余杭区常用的农药包装物为玻璃、塑料、铝箔，其中塑料瓶占 50% 左右，主要包括聚乙烯瓶、聚酯瓶和多层复合高阻隔瓶。

二、余杭区废弃农药包装物回收处置工作具体操作办法

根据农药经营、使用现状、结合余杭区农药监管工作的实际，构建了“党委领导、执法大队负责、镇街道协管、回收单位把关、全民联动参与”的工作网络。一是成立由区农业局、区环保局等部门组成的区废弃农药包装物回收处置工作领导小组，负责指导、协调和监督工作；二是各镇街落实领导小组工作措施，定期对辖区回收网点和田

间地头督查废弃农药包装物回收实际情况，及时反馈信息；三是签订四方协议，约束回收行为。回收前由回收运输单位与镇街道签订辖区废弃农药包装物的回收归集处置协议，区农业局鉴证；由回收运输单位与各农资经营单位签订分类回收协议，镇街鉴证；各农资经营单位签订回收承诺书，交区农（渔）业行政执法大队和回收运输单位；回收运输单位与环保处置单位签订销毁协议；四是回收、运输单位各自把关。各农资经营网点、其他回收点负责按规范回收自销售或使用的农药包装物，杭州余杭农业生产资料有限公司等 3 家储运单位负责各网点回收的废弃农药包装物收集运输工作，并定期送至有处理资质的单位集中销毁。

余杭区的农药物流供应链的特点是“农药批发企业—农药零售店 - 农药使用者”，基于此，余杭区出台了“余杭区废弃农药包装物回收处置实施方案”，明确废弃农药包装物回收具体事项，确定了回收处置的工作机制，统一回收价格标准：农药包装瓶 100mL、101~300mL、301mL 以上三个档次分别按每只 0.2 元、0.5 元、1.0 元回收；农药包装袋按 50 克以下、50 克（含）以上两个档次分别按每只 0.1 元、0.2 元回收。回收工作结束后，根据余杭区废弃农药包装物回收处置工作小组对各镇街回收措施落实情况、回收数量等综合验收，验收结果与生态目标责任制考核奖励挂钩，据此由区财政安排专项经费拨付给各镇街相应补助经费，并由镇街向回收各方兑现回收费用，不足部分由各镇街配套解决。

制定严格的废弃农药包装物的回收规制，一是各回收网点只回收本网点销售或使用的包装物，不回收投机性大批量农药包装物，不回收非农药包装物；二是各回收网点对销售或使用的包装物加贴标签以便识别，并原箱原瓶原包装装箱；三是及时做好农药进货、销售、包装物回收三本台账，便于监管单位进行三账核查；四是统一收集运输主体每隔三天到各回收网点循环收集；区废弃农药包装物回收处置工作领导小组定期深入各回收网点进行指导和核查回收规制的执行情况，发现回收数量异常或回收非农药包装物的回收网点，取消其回收资格，结合农业执法重点查处。加贴标签，“三原”回收、三账核对等打击投机性回收行为，严格控制外源性废弃包装物流入的规制。

余杭区废弃农药包装物回收处置工作基本流程如图 8-1 所示：

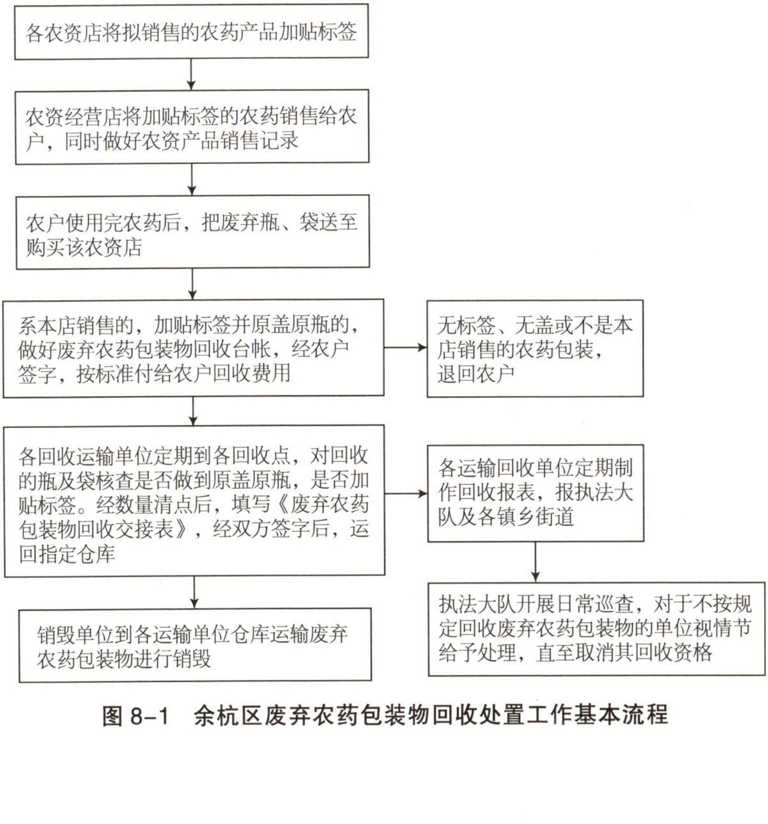

图 8-1　余杭区废弃农药包装物回收处置工作基本流程

三、余杭区废弃农药包装物主要处理方式

余杭区农药包装废弃物的处置主要采用焚烧法进行处置。当农药店回收了废弃农药包装后，余杭农资公司就会到回收点将农药包装拉到回收中转站，再将废弃农药包装统一运送到余杭区中泰垃圾焚烧处理厂进行无害化焚烧，废弃农药包装物的焚烧处置费每吨 2200 元（含处置公司运输费 200 元 / 吨）。

将垃圾用焚烧法处理后，垃圾能减量化、节省用地，还可消灭各种病原体，减少有毒有害物质。所有有机农药，不管是植物性的还是合成的化合物，均可以因高温焚烧而被破坏。但是含有重金属的农药包装物，则需要谨慎选择焚烧。此外，焚烧的烟雾要进行妥善处置，以免产生二次污染。

四、余杭区废弃农药包装物回收工作的效益

余杭区废弃农药包装物回收工作取得了很大的环境、经济和社会效益。改变了使用农药后将农药废弃包装物随便丢弃于池塘、河沟、田边的陋习，降低了农药包装废弃物内的残留农药污染水质、土壤及生态环境的风险，确保了城乡居民和农业从业人员的健康与安全，是惠及民生的实事工程。2009~2012 年以来，余杭区共回收各类农药瓶（袋）1454.55 万只，其中农药瓶 506.21 万只，各种规格农药包装塑料袋 948.34 万只，销毁废弃农药包装物 428.4 吨，累计投入资金达 619.12 万元，实现了各类包装物回收率达到 80% 以上，回收的包装物无害化处理率 100% 的目标，有效减少了农药面源污染。

第九章

国内绿色乡村建设案例

近年来，国内涌现了一大批绿色乡村建设的典范，这些村庄巧妙利用自身优势，领导带头，全民参与，加大投入，经过不懈努力，实现了“生产发展、生活富裕、生态良好”的目标，本章选取3个案例，各具特色，供大家在实践中参考。

第一节　浙江省安吉县天荒坪镇余村蝶变之路

一、余村概况

余村，位于浙江省安吉县天荒坪镇西侧，因境内天目山余脉余岭及余村坞而得名，村庄呈东西走向，三面环山，村域面积4.86平方公里，下辖2个自然村和1个中心村，农户280户，人口1045人。2016年，全村实现农村经济总收入2.52亿元，村集体收入380万元，农民人均纯收入35895元。

20世纪80年代至21世纪初期，余村靠山吃山，依靠3个石矿开采销售石灰岩并办起水泥厂。“石头经济”红红火火，村集体经济收入每年可达二三百万元。2003年起，浙江省委、省政府提出建设生态省，安吉县也随之提出建设全国第一个生态县，余村开始相继关停矿山，转型发展休闲经济。

2005年8月15日，在余村关停了全部矿山和水泥厂，村级集体经济走入历史低谷的时候，时任浙江省委书记习近平同志第二次走进安吉，到安吉余村调研民主法治建设工作，在听到余村通过民主决策关停矿山尝试发展休闲经济时，给予了充分肯定，指出：余村下决心关停矿山，是高明之举，我们过去讲既要绿水青山，也要金山银山，其实绿水青山就是金山银山……我们要处理好人与人的和谐，人与自然的和谐，不要以环境为代价去推动经济增长，当熊掌和鱼不可兼得的时候，要知道放弃，要学会选择。在余村首次提出了“绿水青山就是金山银山”的重要思想。并充分肯定安吉在可持续发展路子上走得对，做得好，希望安吉提供更多更好的经验。如今，余村作为中国“美丽乡村”的发源地，更因习总书记“两山”重要思想在此首次提出，正受到社会各界广泛关注。

转眼10余年，余村发生了翻天覆地的变化，村庄生态环境恢复，产业转型升级，不仅成为远近闻名的中国美丽乡村精品示范村，更成为践行“两山”重要思想样板地、模范生。余村的美丽乡村建设、生态文明建设、民主法治建设等工作走在浙江省乃至全国前列，先后荣获全国民主法治示范村、全国美丽宜居示范村、全国创建文明村镇工作先进单位、浙江省首批全面小康建设示范村、省级文明村、省级特色旅游村、省级农家乐特色村、省级绿化示范村、省级生态文明教育基地、省级生态文化基地、安吉县首批美丽乡村精品村、美丽乡村精品示范村等荣誉称号。

二、余村发展过程的主要做法

一是做精规划。10余年来，余村始终坚定不移地实施村庄规划，不遗余力地推行环境整治，工作中注重方法，讲求实效，从大处着眼，小处着手，收到了事半功倍的效果。余村村庄规划起始于20世纪80年代，原先的道路窄小，功能单一，基础设施落后。新的村庄规划系统分析了余村资源现状、发展空间，立足旧村改造，突出布局规范，开创性地将余村区域依势划分为生态旅游区、生态居住区、生态工业区三块独立空间。同时，对周围广袤的山野林地予以严格控制保护，有效地将村民生活、生产与发展的空间作了合理布局和区划；近年来，余村根据县域规划布局新要求，借力天荒坪森林小镇核心区总体规划编制，将村庄的功能分区又作了新的调整提升，形成“三区一环”格局，即生态旅游区、美丽宜居区、田园观光区以及环村绿道，并将余村以国家5A景区定位纳入总体规划，科学布局生态、生产、生活空间，着力打造一个开放式的村域大景区。

二是做美环境。先后关停矿山、水泥厂及一大批竹制品企业，对村庄进行了环境整治、污水治理、立面改造和道路拓宽等建设。自2008年开展美丽乡村建设以来，余村不断探索村庄发展模式，坚持把生态发展、村庄经营的理念贯彻始终，不断增强工作的前瞻性，调动群众积极参与。借力美丽乡村建设、生态文明创建及世行贷款项目，深入开展“三改一拆”“四边三化”“五水共治”，有序推进厂区改造、道路三化、河道整治、污水处理、垃圾分类、农整复垦六大行动。余村的污水处理由原先的生态沟处理改成纳管处理，处理率从原先的30%增加到95%以上；垃圾收集清运，实现从分类处理到定时定点投放提升。10余年来，余村先后投资几千万元，用于基础建设和环境提升，村庄面貌焕然一新。

三是做优产业。全村牢固树立“绿水青山就是金山银山”的理念，依托良好的生态环境，大力引导村民发展休闲产业，走上了发展绿色经济转型之路，积极打造天荒坪镇休闲产业的核心区。通过产业引导，全村休闲产业逐渐壮大，全村农家乐发展迅速，乡村游扎根拔节，游客量大幅攀升，休闲产业蓬勃发展。村民开办的农家乐、民宿，成为上海、江苏等地游客的“养生乐园”，村里的河道漂流，成了夏季各地游客的“欢乐海洋”，村里的农业采摘园，绿色有机果蔬成了城里人的“香饽饽”。通过全力提升景区、漂流、水库、园区品位，一大批企业主转型发展休闲产业，已逐步形成河道漂流、户外拓展、休闲会务、登山垂钓、果蔬采摘、农事体验的休闲旅游产业链。原来卖石头的村庄，开始卖风景致富，如今又在尝试卖文化。

四是做浓氛围。强化机制约束，把生态文明理念写入村规民约、家规家训，引导村民自觉践行“两山”重要思想。随着美丽乡村建设的不断推进，村容村貌的持续好转，村民生活水平的日益提高，村民综合素养也不断提高。强化平台共享，高标准建设文化礼堂、数字影院、文体广场、春泥活动室、村民阅览室，让村民学习有场地、交流有空间、思想有舞台。强化活动引领，建立多支群众性文体队伍和环保志愿者队伍，深入开展党员网格服务、环保义务活动、美丽家庭创评、年度最美评比等，用干部群众的双手扮美绿水青山，吸引八方游客。

余村从“矿山经济”向“绿色经济”完成了美丽的蝶变，以实际行动谱写“绿水青山就是金山银山”的美丽画卷，展现了“两山”重要思想的旺盛生命力。余村正在以实际行动来努力践行习总书记的“两山”重要思想。

第二节　郝堂村的变迁

一、郝堂村概况

郝堂村位于河南省信阳市平桥区五里店办事处东南部，是豫南山区典型的山区村，全村面积约 20.7 平方公里，是平桥区面积最大的一个村，共有 18 个村民组，620 户，2300 人。郝堂村在建设中既保留了村庄诞生至今的痕迹原貌，又把环保、通信等现代设施自然地融入其中。2014 年，郝堂村被住建部列入全国第一批 12 个“美丽宜居村庄示范”名单，被农业部确定为全国“美丽乡村”首批创建试点乡村。郝堂村的经验多次在中央电视台《新闻联播》中报道。

二、郝堂村的改造之路

1. 昔日郝堂

2009 年的郝堂村，到处是污水和垃圾，满山是无人采摘的板栗和荒废的茶园，还有留守的老人、小孩、狗和惆怅茫然的村干部。随着大批青壮年外出务工，村庄“空心化”情况日趋严重。

2. 改变，从垃圾分类开始

郝堂村的垃圾分类是村庄改造的基础。2011 年 4 月，郝堂村召开了村民代表大会，出台开展垃圾分类、环境整治、卫生保洁的实施意见，并提出杜绝乱砍滥伐，禁止伐木烧炭。村里给每家每户发了两个桶，进行垃圾干湿分离，村里的生活垃圾分为两大类，一类为可处理垃圾（如菜叶、果皮等）直接倒入农田，作为肥料自然降解；另一类为不可处理垃圾（如塑料制品等），村民做饭当作燃料直接烧掉。社区内不设垃圾箱，所有垃圾由村民自己处理。郝堂开展了特色卫生评比活动。方式是由郝堂小学的一个班出几个孩子，老师带着孩子到每家每户进行垃圾分类卫生评比。卫生得分高的家庭发脸盆、毛巾、床单作为奖励，有动力继续保持。得分低的家庭逐渐改掉不良的卫生习惯，村庄面貌逐渐改变。村里聘请6个老人做保洁员，每个人每月给300元工资，承担公共区域的保洁。政府支持解决一些需要大投入的问题。如科技局帮助适合的村民建了一批沼气池，解决了垃圾问题，沼气可以用作燃料做饭，沼气池里的残渣和残液，还可以作为肥料。

3. 多级污水处理，还郝堂一个山清水秀

郝堂村结合当地实际情况，采用了雨污分流、化粪池、小型生物处理、堰塘二次处理以及全村三级污水处理系统相结合的污水处理配套方法，解决生活污水问题。

顺应地形地势布置污水处理管网，实行雨污分流。同时，按照就近排放原则建雨水分散处理体系，使雨水能尽快就近排入水体。村集体经济集中购置了100多亩水田，将其改造为身兼数职的荷塘。除了种莲藕给村里带来集体经济收入成为吸引游客的重要风景之外，荷塘的水生物及塘泥还可以净化水体。

在合适的地方建造一户或几户居民联用的小型化粪池。通过财政奖补方式，推广户用沼气 120 户，改建水冲式三格化粪池卫生厕所 200 座。在一些重点地区，尤其是排污量较大的农家乐、餐饮集中地区推广家庭湿地处理系统。2012 年，平桥环保分局支持新型农村社区示范点建设的农村环境连片综合整治项目——郝堂人工湿地污水处理系统建设完成，进一步解决了村庄的生活污水处理问题。

4. 生态厕所，宣传环保理念的开始

郝堂村小学的厕所由中国乡建院专家、台湾建筑师谢英俊设计，是新型尿粪分集生态厕所。这种卫生间由上下二层组成，上层是旱厕，干湿分开。小便经碎石子过滤后通过塑料管流入下层的封闭储尿桶，大便直接掉到下层的粪堆上，由如厕人自己用小铲预备好的土壤将其适当覆盖，无须冲水。下层有 1 米半高，留有门口方便更换储尿桶和铲走覆盖的土壤或已发酵成肥的粪土。卫生间管理人员及时将尿液及粪肥归还到附近的农田再利用。这种厕所保留了农耕文明的数千年以来的粪尿用作肥料的传统，而干湿分离的设计又规避了传统农村厕所脏臭和容易滋生蚊虫的弊端。此外，孩子们可以和父母一起，认领校园里的菜地，用学校厕所的生态肥料施肥。在郝堂小学餐厅里，有关健康、生态的营养知识，也和孩子们的用餐结合在一起。他们的饮食中有自己用生态厕所的肥料亲手种植出的生态蔬菜。这些接受了新知识的孩子们，如蒲公英一般，改变着村里的每一个家庭。

5. 旧村改造，把农村建设得更像农村

郝堂村建设改造遵循的重要原则就是把农村建设得更像农村。村庄原有道路、农田、沟渠一律不变。新农村不集中居住，在原有住房基础上，不破坏原有生态环境，分别建设，分散居住。住房四周无围墙，敞开建筑，确保农民居住环境生态优美、原汁原味。将美化、环境净化等功能融为一体。如有的农户在改造时，不改变房屋的主体架构，而是从加固以及外墙改造的角度，让房子具备了乡村村落的古朴自然与美观。拆掉砖石围墙，改而以更加自然的方式形成院落的景观，又保证适度的隐私。厕所改为卫生厕所，安装自来水，厨房加装排风系统，院子内的小花园同时是生态污水处理池，所有生活废水经过花园底下的碎石和周围水槽，净化以后才用来浇灌或排出。

郝堂村在旧村改造过程中，没有盲目照搬城市的模式，而是形成了一套因地制宜的郝堂模式：一是尊重乡村现有格局。保持村庄田地之间的形态，方便村民生活，村庄规划以村干部想法为主体，尊重本地风水先生，设计师只是从控规的角度适当调整。二是尊重乡土文化与习俗。修复庙宇、家祠、家庭中堂文化、修复乡村文化中乡土与熟人社会。新房建设与旧房改造保持原有的乡村血缘关系的居住形式，增加室内功能，室内与卫生间要现代化，提供农村生活的舒适感。三是全面对接好政府项目与国家政策，确保项目具有落地性。破坏环境的事不做，对农民有伤害的事不做，违规的项目不做。先做资源分类、搞家庭卫生、拆围墙、改厕所项目。四是充分发挥基层党组织的战斗堡垒作用。选择与协调好村两委班子，村干部是乡村改造与建设成功的关键。郝堂村的专家评审组中，村干部有一票否决权。成立项目领导小组，专家占 30%，村干部 10%，本村文化人占 15%，城市青年人（旅游人群）占 15%，政府官员占 10%，艺术家占 20%。开展民意与村况调研，了解村庄基本情况，做到胸中有数。

三、建设的成效

一是面貌得到大幅改善。村内建筑具有乡村特色，不再盲目跟风城市。道路宽敞，通行便利，村庄绿化美化，过去的杂草丛生如今已是鲜花处处。村内河流恢复清澈,更多年轻人回村创业,老人安定舒心。

二是乡愁得以守护。青山绿水蓝天，小桥流水人家，有鸡鸣狗叫，有田园牧歌，有朗朗书声，郝堂村的乡愁和文化被很好保护，村民民主自治，生活健康幸福。

三是结构功能得到明显提升。以内置金融为核心的村社共同体逐渐形成，以休闲旅游服务业为牵引，农村服务业的经济发展模式已具雏形，集体资产和集体经济逐步壮大。

截至 2017 年，郝堂村共改造和新建民居 230 余户，种植观赏性荷花 220 亩，发展乡村旅游；村民开办特色农家乐、茶社、手工坊、客栈等 50 余家。2016 年，郝堂村日均接待游客 2000 多人次，全年旅游收入达 1500 万元。

郝堂村将绿色发展、绿色生活理念融入乡村建设中，因地改造豫南风格民居,突出自然生态、和谐宜居,根据现有山水脉络等独特风光,把村庄融入大自然，让居民望得见山、看得见水，走出了一条绿色乡村发展之路。

第三节 淮安市金湖县银涂镇生态创建写实

一、银涂镇概况

江苏省淮安市金湖县银涂镇镇域总面积133平方公里，辖20个村5个居委会，人口5.2万人，拥有耕地面积10.5万亩，水面10万亩，林地2万多亩。于2015年7月由原银集镇、涂沟镇合并组建而成。银涂镇东面宝应湖、西面黎城湖、南面高邮湖、北面白马湖，四湖环抱，与宝应县毗邻；境内地广水阔，生态良好，盛产无公害稻麦粮油、意杨、水产品和水生蔬菜；金宝航道从镇中心穿过，金宝南线横贯东西，交通便捷，水网密布，是名副其实的鱼米之乡、健康生态之乡。

近年来，银涂镇坚持农业富镇、工业强镇、环境立镇、三产兴镇战略，着力推进重点中心镇和开发新区建设，实现经济社会持续健康快速发展。2016年，实现国内生产总值35.36亿元；财政预算收入3.26亿元；农民人均纯收入16900元。先后荣获国家级生态镇、中国绿色乡镇、江苏省文明镇、卫生镇、体育产业基地、农村电子商务示范镇、淮安市经济十强镇等殊荣。

二、镇情回顾

2011年前，原银集镇和涂沟镇分属金湖县域两个经济发展较为滞后乡镇，平均每镇的财政收入不足8000万元，居民人均纯收入在6000元以下，村平集体年收入不足30万元。由于经济发展的原因，导致基础设施投入不足，两个乡镇无一座污水处理厂，建成区污水无法收集，全靠自然净化或渗入地下、流入河湖。无一座垃圾站，缺乏完整的垃圾处理体系，垃圾无害化处理率极低。河长制未建立，河道保洁责任不明确，电捕鱼、药捕鱼现象时有发生，河湖生物资源未得到有效保护。村庄道路保洁不规范，缺乏长效管理经验和机制，百姓卫生习惯还未完全养成，居民生态环保意识不强。农业生产高强度追求农田产出，导致土壤结构受到破坏，农药、化肥残留多，夏秋两季焚烧秸秆现象严重，环境问题成了滞约新农村建设发展的重要突出问题。

三、改善环境的主要做法

2011年，银集、涂沟两镇借助国家级生态镇创建契机，着力打造山清水秀、地阔湖美的乡镇环境。2015年7月，两镇合并成立银涂镇，更是紧紧抓住建设重点中心镇，建成省级高新技术开发区的大好机遇，扎扎实实开展生态保护和环境建设工作，并取得了明显成效。

1. 制定计划，明确制度分工

镇党委、政府始终把环境建设工作纳入重要的工作日程，写入年初工作计划，印发了《银涂镇农村人居环境建设和环境综合整治工作方案》，做到明确分工，责任到人，三套班子成员经常检查集镇建设情况，听取创建工作汇报，提出建设性意见，镇党委、政府与各村居、单位签订创卫责任书，进一步落实创建工作领导责任制和部门责任制。

村居及单位上下联动、齐抓共管。加强环境保护宣传，让环保理念深入乡村、深入农户、深入人心，形成人人参与、个个支持的良好氛围。

2. 完善基础设施，治理污水垃圾

从加快环保设施建设入手，投入上亿元，高标准建设了银集集镇、涂沟集镇、唐港集镇，配套做好了小区的道路、公共设施、绿化和亮化等工作。投入1800多万元，强力推进集镇基础设施建设，镇容镇貌得到较大改观。建成通村公路50多公里，整修了组级道路，全镇所有镇通村、村通组、组通农户道路全部实现水泥路面硬化；完成四旁植物40万株，新增绿化面积1300亩，镇区公共绿地面积70782平方米，绿化覆盖率35.6%以上，人均公共绿地面积达20平方米；建成4个污水处理厂，建成区、开发新区的行政村污水集中处理率达到80%以上；新建3座垃圾中转站，建成封闭式垃圾房890座，垃圾清运车10辆，投入小型垃圾收集车195辆，主干道两侧及小区新增果壳箱650只，配备专职保洁员100多人，成立专业队伍清扫、清运、消毒；“统一实施墙体出新”，粉刷墙体立面3.6万平方米，形成简洁明快的建筑外观色调；新安装路灯1200多盏，镇区路灯亮化率达100%；大力普及“一池三改”，新建沼气池300余座，累计改建无害化厕所15229座，改厕率97%。通过系列的投入，如今，集镇实现了美化、亮化、绿化，人居环境得到明显改善，无论走在银涂镇哪条乡村公路，都整洁通畅，居民家前屋后整洁有序。

3. 开展专项整治，改善人居环境

一是大力整治镇村“四乱”现象，落实门前“三包”责任制，取缔占道经营、店外经营摊点；查处机动车及非机动车乱停乱放行为，规范车辆停放秩序；开展户外广告专项整治，清理整顿集镇破旧、违章广告牌，清除集镇“牛皮癣”，对街头水果摊、卤菜摊等进行统一换装，开展集镇废品收购点专项整治活动；加强镇村保洁，实现主次干道全天候保洁，生活垃圾做到日产日清，密闭清运率达100%。二是开展社区环境专项整治。采取划片包干、单位一包到底的方式，把全镇按照行政区域划分成25个责任片区，分别明确村居委会书记、主任为责任人，全面负责各自责任区内环境综合整治工作。三是开展单位和生活区环境专项整治。将单位所属生活区落实到具体部门进行管理，组织开展创建环境优美单位、卫生大院、卫生家庭等活动，落实了办公区和生活小区的环境保护措施。四是开展公共环境专项整治。加强“五小”行业管理，从业人员体检率、培训率均达100%，规范入轨，确保市民放心消费；加大全镇生活饮用水的监督力度，全镇自来水普及率达100%；不断强化除害防病工作，病媒生物密度控制在国家规定标准之内；计划免疫接种率达100%；加强家禽家畜、宠物的饲养管理，按照“263”环境整治要求，拆除了个别砖瓦厂和非法畜禽养殖等环境污染企业和养殖业。落实重点工业污染企业污水排放整治措施，确保工业废水稳定达标排放，落实建筑工地施工扬尘管理措施，加强集镇扬尘管理，适时用洒水车对集镇道路进行喷洒，积极开展烟尘、噪声治理，努力做好秸秆禁烧工作，全年空气污染指数（API）<100的天数占全年天数的比例达92.6%。五是开展河道专项整治。投入500多万元，对镇域内40多条河道进行集中整治，落实“河长制”责任人150多名，明确专人负责，实施全天候保洁，建立了河道管理长效机制。通过系列专项整治，镇区环境面貌得到明显改观，群众关心

的生活环境问题得到了根本解决。

4. 建立完善长效机制，保证环境质量稳定

一是建立高效的环境突发问题处置系统，接到群众反映问题后15分钟内赶赴现场，积极协调解决问题。二是坚持义务监督员制度，提高管理效率。健全、完善义务监督员管理制度和管理办法，充分发挥义务监督员的作用，调动社会各界保护环境的积极性，不断提高群众的文明素质和环境管理水平。三是狠抓“细胞工程”。广泛开展环保创建，进一步加大工作力度，实现个体优化到局部优化和整体优化的目标，达到以点带面，整体促进的目的。四是制定环保工作长效管理机制，跟进督查，及时发现问题，及时交办，限时整改达标，对环境问题主动上门服务，热情指导，注重标本兼治，长效管理。

第十章

国外绿色乡村建设经验

自20世纪50年代以来，美国、欧盟、日本等发达国家将农村环境保护作为公共产品投资重点领域之一，采用了一系列针对农村环境污染的政策手段，并在不同程度上控制了各国农村污染的恶化趋势，推动城乡环境均衡发展。

第一节 日本农村生活污水处理处置

目前，主要发达国家的乡村污水治理组织和管理模式大致可以分为两类。一类以欧美发达国家为代表，其城市化历史长，乡村卫生建设起步早。这些国家的农村与城市通常适用同一套污水治理的法律体系，在实施过程中强调家庭或个人自主，国家通过一些项目和计划进行组织、管理和支持。另一类是日本模式，由于其经济起飞是在20世纪五六十年代以后，在农村污水治理过程中的卫生健康问题、建设问题、环境问题同时存在。为了加速城乡一体化，规范和管理农村地区的卫生、建设与环境保护，日本建立了一套不同于城市的乡村污水治理的法律体系，并建立了一套政府主导、居民参与的实施体系，本书重点介绍日本模式。

日本的净化槽技术主要在排水管网不能覆盖、污水无法纳入集中设施进行统一处理的偏远地区使用。该技术在治理日本的分散型生活污水方面发挥了重要的作用。

一、相关法规

在20世纪50年代，日本为改善城市公共卫生环境，制定了《清扫法》《下水道法》。20世纪60年代，随着社会生活的现代化，农村地区抽水马桶的需求增加，很多公司推出适用于农村地区粪便处理的净化槽技术与设施。当时的净化槽技术只能处理粪便污水，称为单独处理净化槽。为规范市场与建设，日本出台了《建筑基准法》。在日本经济发展水平相对较低时期，该技术在一定程度上解决了公共卫生问题。但在对工业废水进行严格控制的同时，水资源质量并未得到明显改善。人们开始意识到灰水（包括厨房、洗衣、浴室污水等）的直接排放是造成公共水体污染的主要原因之一。随后，新的净化槽标准于 1980 年实施。新的标准促进了合并处理净化槽的发展，它不仅可以处理粪便污水，还可以处理厨房、浴室污水等。

水环境的改善，不仅需要开发新技术，也需要相应的管理、服务体系支撑。因此在 70 年代后期，对于如何确保净化槽适当地安装、运行、维护、清扫和检查等，成了日本全社会关注的问题。此后，日本在 1983 年颁布了《净化槽法》，明确对乡村分散污水进行治理，并提出净化槽的维护、清扫、检查要求，成为日本乡村污水治理的主要法律依据。1995 年，由于要求保护湖泊、内海等封闭型水域水质的呼声日渐高涨，日本政府对净化槽的构造标准进行了大规模的修订。在新修订的版本中，除了提高去除 BOD、COD 的标准外，为了缓解水体富营养化的问题，还增加了去除氮、磷的内容。这一修订促进了深度处理（氮、磷去除型）净化槽的开发。从 2001 年 4 月起，日本政府明令禁止安装单独处理净化槽。

二、组织和管理

日本农村地区生活污水主要通过农业村落排水设施、净化槽和公共下水道三种模式进行收集处理。同时部分地区充分利用历史遗留的粪尿处理设施，处理农业村落排水设施产生的污泥和少量农村居民使用的掏粪式厕所的粪尿。而农业村落排水设施、净化槽和农村地区公共下水道的组织管理各不相同。其中，《净化槽法》规定在农业振兴地区，原则上人口不超过 1000 人的村落需要配套建设农业村落排水设施处理农村生活污水；《下水道法》规定在以林业、渔业等产业为主，人口规模在 1000-10000 人的特定环境保全区域，为保护区域内的水环境质量，需铺设公共下水道收集区域内居民生活污水，进行集中处理；《净化槽法》规定在公共下水道和农业村落排水设施等生活污水规划处理区域以外的地区，需配套建设净化槽，保护区域内公共环境和水环境质量。

村落排水设施由农林水产省依据《净化槽法》推进，具体建设和管理由地方自治体负责和承担，属于地方政府公共事业；净化槽设施由环境省依据《净化槽法》推进，具体建设和管理由地方自治体和受益农户负责和承担。特定环境保护区域建设的公共下水道相当于我国的城镇污水治理管网，由国土交通省依据《下水道法》推进，具体建设和管理部门是各地方政府，属于地方政府公共事业。环境省依照《废弃物处理法》推进对粪尿处理设施利用及报废管理，地方自治体负责日常运行维护管理。

各基层自治体（市町村）以及家庭是农村污水治理的责任主体，其中各自治体根据自身的特点，对照相关法律规定为每户居民选择合适的污水治理方式。有关责任主体在设置污水治理设施时需要首先获得都道府县（相当于我国的省级行政区）的批准。

三、财政支持

日本村级以上的污水设施大多具有公营或者合营性质，建设资金主要由各级自治体（市町村）筹集，国家给以财政支持。日本政府为推动农村家庭污水治理而实施了两项资助计划。其一为净化槽设置整备事业，用于支持农村家庭将单独处理粪便的净化槽改造为合并处理净化槽，家庭负担总费用的 60%，其余 40% 的费用由地方补助 2/3、国家补助 1/3。其二为净化槽市町村整备推进事业，目的是为推动水源保护地区、特别排水地区、污水治理落后区等的生活污水治理工作的开展，家庭只需负担净化槽设置费的 10%，国家承担 33%，剩余约 57% 由市町村负担（可通过发行地方债券筹措）。另外，该计划还由市町村设立公营企业，承担净化槽的日常维护管理等业务。

四、运行模式

日本农村污水治理由行政机关、用户以及行业机构共同参与完成。污水治理设施设立时，由用户向行政机关提出申请。行政机关对污水治理设施的申请设立、变更、废除具有审批权，并通过指定的机构对建设与运行的质量进行监管。监管有两种，一种相当于设施建成后的验收检查，主要对设施建成后的出水水质和运行状况进行评估；另一种是设施运行过程中的定期检查，相当于运行监管。各项监管工作均由行政机关委托第三方的专业机构完成，并由第三方专业机构承担各设施处置后水质监测检查等的信息公开。

作为第三方的专业机构在分散污水治理中担负很重要的角色。第三方专业机构包括设备制造公司、建筑安装公司、运行维护公司和污泥清扫公司，专业机构均需取得相应的资质，并且从业人员都必须通过培训和考试获取相应的专业证书。此外，还有专业性的行业协会和培训机构等，在开展分散污水治理技术的研究、推广、宣传教育、专业人才培养方面做出了很大贡献，每年都为该行业培训出足够的合格的技术人员和管理人员。2016 年，日本有资质的净化槽指定检查机构有 65 家，维护检修机构 12435 家，净化槽清理机构 5291 家。

第二节　日本农村生活垃圾处理

随着固体废弃物管理方面研究的深入，人们发现以垃圾填埋和焚烧为代表的传统垃圾处理处置模式不仅带来严重的环境污染和公众健康安全问题，而且造成了大量的资源浪费。因此发达国家制定了相应的政策，根据自己的实际情况采取了不同的方法。近年来，各国在制定废物管理法规时都考虑了 5 个原则：资源化原则、减量化原则、就近原则、自产自销原则以及污染付费原则，但每个国家的实施方式不同，本书仍以日本为例，介绍农村垃圾处理法规、处理模式等。

一、相关法规

日本是个资源贫乏的国家，人口、环境、资源压力大。为了合理、充分利用资源，保护环境，日本制定了一整套完备的构建循环型社会的法律体系，为垃圾分类回收提供了依据和指南。日本政府在促进循环型社会构建方面的立法，可以分为三个层次。第一个层次指 2000 年 12 月公布实施的《促进建立循环社会基本法》。在垃圾分类方面，该法从宏观层面对政府、事业者、地方团体、公民的责任义务做出了规定。第二个层次是综合性的两部法律：《促进资源有效利用法》与《固体废弃物管理和公共清洁法》。前一部法律对废纸、纸制品，碎玻璃、玻璃容器，废旧复印机，整体浴室及整体厨房，废旧汽车、计算机、电视机、冰箱等废旧家电，废旧弹子游戏机，金属储物家具、金属架，燃油炉、燃气灶，密闭蓄电池及使用密闭蓄电池的器械，饮料用金属易拉罐，淤渣，废渣，金属切屑，铸件废沙等分类回收主体、回收处理方式及回收注意事项做了确切说明。后一部法律于1970年制定，2000年修订时增加了垃圾产生最小化、垃圾分类及回收等条款。第三个层次是根据各种产品的性质制定的具体法律法规，如《容器包装回收利用法》《家用电器回收法》《建筑及材料回收法》《食品回收法》《汽车再循环法》及《绿色采购法》等分别就对应的事业者在自己所生产产品废弃时应当履行的分类回收义务做出了规定。

二、组织和管理

在垃圾处理工作中，日本政府一直居于主导地位。政府在垃圾处理中主要承担两方面的工作：一是构筑严密的垃圾回收组织体系，确保完成该项工作的人手；二是制定具体的垃圾回收细分目录。根据日本法律规定，都道府县政府负责制定垃圾分类回收的实施计划，基层地方政府市町村则根据各地的情况制定更为具体的实施细则，并承担辖区内一般废弃物的处置责任。市町村都设置清扫局或所，并成立了以一定居住区范围的居民为对象的民间机构，叫“町内会”。“町内会”的主要任务有两项：一是负责指定居住区范围内的垃圾投放点；二是协助市町村做好垃圾的分类和资源回收，以此获取“町内会”的活动经费。垃圾回收目录规定得十分详细。如日本横滨市，为了让市民掌握生活垃圾分类的方法，市政府专门印制了厚达27页的小册子，其中包括的条款多达 518 项，精细分类程度超出了我们的想象。如：口红属于可燃物，用完后的口红管属于小金属物；塑料瓶在放入分类垃圾箱前，要把瓶盖先分离出来，因为塑料瓶身与瓶盖属于不同的塑料，回收后要用来做不同的东西。袜子、领带也要进行精细分类。一只袜子属于可燃物，如果是两只且“没被穿破，左右脚也搭配”，则“升级”为旧衣服。领带被归到旧衣料的类别，但只有在“洗过、晾干”的情况下。

第三节　国外农业面源污染治理

一、美国农业面源污染防治

1. 治理成效

据美国 1990 年的调查评估报告显示，美国面源污染约占总污染量的 2/3，其中农业面源污染占面源污染总量的 68% ~ 83%，导致 50% ~ 70% 的地面水体受污染或威胁影响。经过 10 多年的有效治理控制，美国的农业面源污染已大幅减少，据 2006 年统计，美国农业面源污染面积已比 1990 年减少了 65%。

2. 主要措施

一是政策措施。美国在农业污染控制方面有系统的法律框架，如美国环保局实施了非点源污染管理计划，农业部实施了乡村清洁水计划、国家灌溉水质计划、农业水土保持计划等，此外，还有其他国家职能部门制定的如清洁水法案，最大日负荷计划、杀虫剂实施计划以及海岸非点源污染控制实施计划等，并积极鼓励农民对农业污染进行主动性控制，对减少面源污染起到很大作用。美国 1936 年制定第一个面源污染控制法，由政府设定农村环境质量指标通过环境立法强制执行，至今已多次对此进行了修订。此外，美国 20 世纪 70 年代末就规定对面源污染自愿采取防制措施者，政府将分担一部分费用；对于自愿采取其他措施的，政府给予减免税额等政策。在美国，1972年《联邦水污染控制法》（FWPCA）首次明确提出控制面源污染，倡导以土地利用方式合理化为基础的“最佳管理实践”（BMPs）。《联邦杀虫剂控制法》针对管制杀虫剂使用，禁止使用DDT等有毒化学品。1977年的《清洁水法》（CWA）进一步强调面源污染控制的重要性。1987年的《水质法案》（WQA）则明确要求各州对面源污染进行系统识别和管理，并给予资金支持。美国有针对化肥的法律和法规，规定了生产、销售化肥的注册登记、许可制度以及化肥抽样检验制度。

二是技术措施。操作简单、价格便宜的替代技术是农业面源污染控制的关键。美国在农业面源污染控制上，对农民没有或只有很少补贴，主要是鼓励农民自愿采用环境友好的替代技术，其主要控制技术有农田最佳养分管理、有机农业或综合农业管理模式、等高线条带种植、农业水土保持技术措施等。美国对于每个面源污染目标（如农田或者城市）的最佳管理措施均有工程型和非工程型两种类型，工程型措施有人工湿地、植被过滤带和草地、河岸缓冲带、暴雨蓄积池和沉淀塘等；非工程型措施有免耕少耕法、有害物质综合管理、生物废弃物的再利用等。农业部设专款支持农民发展生态农业以减少面源污染，水土保持局提供技术指导帮助地方政府控制水土流失，内政部和环保总署则为不同规模、层次的水资源规划和非点源控制提供信息。此外，美国还采用先进的生物环境控制工程技术对农业面源污染进行治理。如高效藻类塘是美国加州大学伯克利分校的Oswald等在20世纪50年代末对传统稳定塘改进的基础上发展起来的一种污水处理技术，非常适合在经济相对落后、缺乏环保专业人员的农村地区用做农村生活污水的集中处理及回用；此外，还发展了人工湿地系统，20 世纪 80 年代以后，人工湿地发展为由人工建造的、以不同粒径的砾石和豆石为填料基质的、并种植有一定去污能力的植物处理系统，对减轻农业面源污染起到举足轻重的作用。

三是采用其他措施来治理。美国致力于发展低投入、低污染、高成效、专业化、集约化、高产量的农业，推出了生物农业、有机农业、再生农业、绿色农业等运行模式，在法律、技术等方面有效控制农业生产中高毒性农药的投放。1979 年美国国会通过清洁水法案，将水污染治理列入国家财政预算，联邦政府每年从财政预算中拨出 20 亿美元的专项基金，用于启动水污染治理的项目，近年流域治理的重点为面源污染监测及治理。2003 年在美国总统布什向国会的提案中，对全国 20 个重点流域治理增加 7% 的预算，用于加强对流域面源污染治理的相关研究。在治理行动计划上，联邦政府设立了 500 亿美元的清洁水基金，主要作为“种子基金”，吸引地方政府共同投资，供农民、企业或地方通过无息或低息贷款的方式进行面源污染治理。

二、日本农业面源污染防治

1. 治理成效

20 世纪 60 年代，日本农业污染开始加重，日本政府高度重视，开始实施改革，日本实行了世界上最为严格的环境标准，对污染型产业的发展形成了强大的约束力，对环境基础设施建设形成了强大的推动力。日本的环境产业经历了从“公害防止型”“资源节约型”到“资源循环型”的变迁。如日本的琵琶湖是滋贺县 1400 万人的水源地，也是京都府、大阪府和兵库省水源的重要供给地，从1950年开始，随着战后经济快速增长，排放到湖体的污染物大量增加，水质不断恶化，污染极端严重。从20世纪70年代初开始，琵琶湖实行了严于日本全国的污染物排放标准和环境影响评价标准，与健康有关的指标提高了10倍左右。由此可以看出，日本通过采取各种有效的排污减排及其他治理农业污染的措施，切实使农业环境及水源环境得到了很好改善。

2. 治理措施

一是政策措施。从20世纪60年代以来，日本在农村环境保护和立法上，实行政策支持、立法配套的做法。其中立法配套包括针对农业的法律法规有《食物、农业、农村基本法》《可持续农业法》《堆肥品质管理法》《食品废弃物循环利用法》4部，从总法到具体单项法规，从农业生产投入品到食品加工和饮食业等各个环节法律法规配套，尽可能减少法律法规“盲区”。2001年以来，日本政府还相继出台过《农药取缔法》《土壤污染防治法》等法律法规，各大城市郊区和农村相继开始开展有机农业活动。此外，日本对环保型农户建设，实行硬件补贴和无息贷款支持以及税收减免等优惠政策。

二是技术措施。日本针对农业污染日益严重的问题，推出了环保型农业发展模式。这一模式要求降低农场外部如化肥、农药等投放来保护环境，防止土地盐碱化，保持和逐步提高土地肥力。同时利用现代生物技术培育适于水地、盐碱地、荒漠和生态敏感区耕作的作物品种，扩大耕地面积，弥补耕地不足。20世纪90年代以来，日本人工湿地污水处理得到极快发展，已应用至农村污水、家畜与家禽的粪水、垃圾场渗滤液治理等方面。

三是采用其他措施来治理。日本农林水产省从农田水利基本建设到山林绿化，从农业生产必需的投入品到农产品质量安全和食品废弃物循环利用等，实行一家管理为主，其他部门给予配合，责权明确，管理效果好。20 世纪 70 年代初日本成立了全国有机农业研究会，提出了“防止环境遭受破坏，维持培育土壤地力”的口号，广泛发动农民生产更多更好的健康、绿色农产品。

第十一章

生态文明建设示范创建的细胞工程——生态乡镇、生态村

国家级生态乡镇、生态村创建是推进农村生态文明建设的一项重要抓手，也是生态文明建设示范创建的细胞工程。近年来，各地积极开展国家级生态乡镇、生态村创建，探索农村经济、社会、环境实现共赢的有效做法和模式，在提高创建地区农村人居环境质量的同时，也涌现出一批美丽乡村建设的典范。

第一节　国家级生态乡镇、生态村

一、创建过程和政策解读

2002 年，原国家环境保护总局印发《关于深入开展创建全国环境优美乡镇活动的通知》，决定在全国组织开展环境优美乡镇创建活动，并制定了《全国环境优美乡镇考核验收规定（试行）》；2006 年，印发《国家级生态村创建标准（试行）》，决定开展国家级生态村创建活动。2008 年，全国农村环境保护工作电视电话会议提出，要继续推进生态示范创建工作，搞好生活垃圾处理，发展清洁能源，加强绿化美化，对经过建设生态环境达到标准的村镇，实行"以奖代补"。2010 年，为加速推进农村环境保护工作，建设农村生态文明，原环境保护部按照转换生态建设示范工作思路的原则，组织修订了《全国环境优美乡镇考核标准（试行）》，并更名为《国家级生态乡镇申报及管理规定（试行）》（以下简称《规定》）。

二、创建工作进展

截至目前，国家级生态乡镇（原全国环境优美乡镇）先后公告了 13 批次，全国已有 4590 多个乡镇达到国家级生态乡镇建设标准。国家级生态村先后公告了 3 批次，全国已有 238 个村达到国家级生态村建设标准，其中，2008 年第一批 24 个，2010 年第二批 83 个，2011 年第三批 131 个。通过农村生态示范创建，在三个方面取得成效：一是促进了经济发展、产业结构调整，提高了发展质量。通过创建活动，营造良好的生态环境，吸引投资尤其是高新技术投资的竞争力不断增强。在促进城镇产业结构的调整，提高城镇的聚集效应，培育城镇支柱产业方面也发挥了较好的作用。二是改善了生态环境，美化了村容镇貌，提高了居民生活质量。各地在创建活动中，实施了工业向园区集中，居民向住宅小区集中，开展镇、村环境综合整治，工业污染防治和农业面源污染控制取得良好成效。加大环保投入力度，完善环境基础设施，使生态环境、人居环境得到了明显改善。三是增强了生态环境意识，提升了乡镇生态文明水平，带动了农村环保工作。通过开展创建活动，“既要金山银山，又要绿水青山；既要快速发展，又要可持续发展”已经成为广大乡镇干部和群众的普遍共识（见图 11-1）。

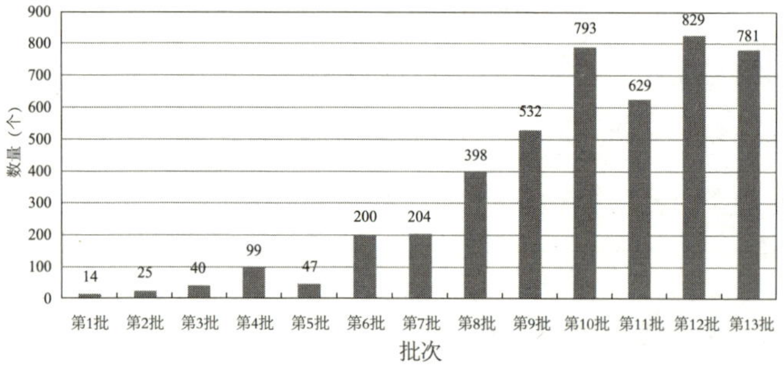

图 11-1 各批次国家级生态乡镇创建数量

第二节　创建案例

一、生态农业型——广东省珠海市斗门区莲洲镇

1. 乡镇基本特征

莲洲镇位于珠海市西北部，2003 年 8 月由原上横、莲溪两个镇合并而成的现代农业镇。全镇常住人口 41839 人，外地人口 1887 人，总面积 86.6 平方公里，下辖 27 个行政村和 3 个居委会。莲洲镇拥有得天独厚的自然资源优势、生态环境优势和交通区位优势，是珠三角地区自然生态环境保护最好的镇之一，是斗门生态农业园的重要组成部分。镇内地貌平坦、土地肥沃，河网交错、淡水资源充足，是典型的水乡和大沙田地区；物产丰富，上横黄沙蚬、莲洲无渣粉葛、粉洲禾虫、风味腊鸭包成为远近驰名的水乡特产。莲洲镇凭借优质的原生态田园风光和特色农业产业，先后荣获省级生态镇、国家级生态镇、全省休闲农业与乡村旅游示范镇等荣誉称号。

2. 创建主要做法

（1）保护原始生态环境，实现绿色发展

一是莲洲镇联合各相关部门实施了一系列工作措施，有力完成了辖区内水源保护区的各项保障任务。二是加强生态细胞工程建设。全

镇27个村3个居委会中，已有18个村（居）被评为市级以上生态村，创建率达66.7%，群众参与生态建设、维护生态环境意识日渐浓厚。三是保障基本农田质量。2013~2014年，莲洲镇对9350亩的基本农田进行“高标准基本农田”建设，投资近2000万元，对基本农田的排灌系统、机耕路等进行改造。

（2）美化村容镇貌，改善居民生产生活环境

以幸福村居工作为载体，莲洲镇上下普遍组织开展了镇村环境整治和绿化美化活动。道路绿化以莲桥路和莲井路为主轴，已形成亮丽的景观带，使乡镇环境和人居环境得到明显改善，基本上消灭了农村“脏、乱、差”的现象，普遍实现了道路平整、庭院规整、居室洁净、环境良好。自实施幸福村居环境宜居提升工程以来，建成小游园18个，增加健康设施86套，美化村内道路7500米，房屋外立面统一铺装8400平方米（见图11-2）。

（a）整治前

（b）整治后

图11-2　村镇环境绿化整治前后对比

（3）完善基础设施，推进新型城镇化建设

按照“布局合理，设施配套、环境整洁，村貌美化”的新型城镇化发展理念，落实新农村建设，把握住未来的空间发展走势，完善基

础设施配套，人居环境和生产条件持续改善。通过积极争取，基础设施建设共立项 88 宗，包括有市重点民生工程四小联围海堤达标工程，关系全镇居民日常出行的 S272 全线 20 多公里改造，关系到村民生命安全的危桥改造 3 座，关系到农村环境的污水处理设施 17 座，关系到乡村旅游的绿道建设 30 公里（见图 11–3）。

（a）整治前　　　　（b）整治后

图 11–3　农村道路整治前后对比

3. 创建经验和亮点

（1）发展现代农业。莲洲镇利用斗门生态农业园开发有利条件，通过推进“四基地一示范区”建设，大力发展现代农业。目前镇内有某公司种植的高端花卉苗木，某集团培养的铁皮石斛，某农业公司、某蛋厂的生态稻米、豆、土鸡蛋等著名商标产品，促进农业增效、农民增收，实现共同富裕。

（2）垃圾处理工程。建立“户集中、村收集、镇清运、区处理”的长效管理机制，镇内 27 个行政村中，每村设有垃圾收集点 2~3 个，聘请 1~3 名垃圾清运工进行日常保洁，按大村每 500 人配 1 名清洁工、小村每 400 人配 1 名清洁工的比例进行人员配备；镇垃圾中转站 3 个。

（3）依托、推进幸福村居工程。在政府的规划和指导下，莲洲镇幸福村居工作有序开展。通过幸福村居的建设，目前莲洲镇村（居）集体经济逐渐壮大，第一产业逐步向第二、第三产业提升，生态农业、精致农业、观光农业逐渐成为镇的支柱产业。2015年首届斗门（耕管）油菜花旅游文化节，一个月的时间吸引近30万人次的旅客观光、消费。油菜花节不仅创造了就业机会，还带动了农民个体经济活动。活动期间，农民自家产的纯天然的蜂蜜、花生、红薯等农产品成了最受欢迎的产品。

二、生态工业型——上海市青浦区朱家角镇

1. 乡镇基本特征

朱家角镇位于青浦区行政区中西部，距市区中心约40公里。东与盈浦街道、夏阳街道接壤；西依淀山湖，与金泽镇相连；南与练塘镇、松江科技园区、佘山镇交界；北与江苏省昆山市淀山湖镇毗邻。交通便利，是上海通往江苏、浙江的重要通道。朱家角镇注重生态环境建设，将植树绿化和水环境综合整治作为生态建设的重点工作来抓，不断加大包括生态林、水源涵养林、防护绿地、街道绿地、住宅小区绿地建设与大淀湖水系以及镇、村两级河道综合整治在内的生态建设力度和资金投入，在2008年创建成为国家园林城市。

2. 创建主要成效

（1）经济成效

一是以“3+1”为主体打造园区产业体系。强化升级三大优势产业，

推进园区二次开发，加快发展生产性服务业和现代服务业，结合某数码城项目，推进园区产业与新城建设的融合发展。二是转变经济发展方式，推进产业转型升级。根据青浦区下达的2014年产业结构调整计划，按照“104提升、195转型、198减量”的工作要求，2014年共完成调整104区域企业4家，调整195区域企业1家，调整198区域企业16家。三是充分发展古镇旅游产业。以节造势，发挥古镇旅游节、水乡音乐节等文化活动的影响力，发展体验式旅游，形成节庆产业链；通过与张马“美丽乡村”、证大西镇、尚都里等商业项目的资源整合，推动商旅农融合互动发展。古镇旅游区全年接待游客300万人次，古镇旅游公司收入1668万元，同比增长12%。四是加快现代农业发展。推进美丽乡村建设，推动家庭农场扶持力度，全镇已有家庭农场202户。“三品一标”工作有序推进，全年共完成产地、产品认证6万余吨，认证率达到85.71%。

（2）环境成效

一是水环境治理工作持续推进。2014年，淀山湖大道西延伸段、绿湖路污水管网建成，朱枫公路西侧的污水管网完善工程也已启动，朱家角镇建成区污水管网实现全覆盖。农村污水治理工程共涉及18个村7166户农户，水系沟通工程共拆除了66个坝基，并建成了桥梁23座、水闸13座、泵闸1座、涵闸3座、箱涵2座、排涝站1座、管涵3座共计46座结构工程。疏浚清理河道17条，共10公里，清除土方28万立方米。二是强化大气污染治理。根据《朱家角镇清洁空气行动计划（2014—2017）》和《朱家角镇空气重污染应急工作方案》，对6家VOCs排放企业进行监控，提高企业VOCs污染防治水平；完成了2台窑炉、24台锅炉的替代或关停，清洁能源替代工作有序推进。三是加大绿地林地建设。朱家角镇新建大、中型集中绿地，新镇区的绿化覆盖率呈逐年上升趋势，绿化总面积达到 120 万平方米（见图 11-4）。

（a）创建前

（b）创建后

图 11-4　河岸创建前后对比

（3）社会成效

推进现代农业发展。全镇已有家庭农场 202 户，占全区家庭农场总数的 50% 以上，经营面积 17951.79 亩，占全镇水稻种植面积的 88.91%。针对经济薄弱村成立经济合作社，组建联合公司，不断拓宽农民增收渠道。营造全民参与环境保护的氛围。提高企业的环保意识和行动，通过有声有色的宣传和实践活动，使群众环保意识不断提高，奠定了国家级生态镇创建工作的群众基础。

3. 创建经验和亮点

（1）着力建设古镇文化中心。朱家角历史悠久，文化积淀深厚，在开发旅游的过程中，朱家角镇致力于挖掘古镇历史文化资源，通过筑巢引凤，充分发挥名人效应，开发更多、更精美的文化旅游项目，提升古镇文化品位。一批高品位的文化艺术展览室（创作室）相继落户朱家角，包括朱家角人文艺术馆、朱家角水乡音乐馆、手工艺朱家角展示室、证大朱家角艺术馆、全华水彩艺术馆、延艺堂、墨戏堂以及尚长荣、李斗植、颜正安、胡项城、栗宪庭等文化艺术名人工作室。同时，结合古镇特色，举办了各种各样的特色节庆活动，打造朱家角古镇旅游品牌。自1998年以来，朱家角镇共举办了16届朱家角古镇旅游节、8届朱家角水乡音乐节、5届“放生桥之声”艺术节、2届朱家角国际水彩画双年展。此外，还多次举办淀山湖捕捞节、角里人书画展等众多节事活动，大大提升了古镇的文化品牌知名度。

（2）引领示范“美丽乡村”工程。以“美在生态、富在产业、根在文化”为主线，深化张马村“美丽乡村”建设内涵。张马村依泖河而形成，中国现存最古老的航标灯塔“泖塔”屹立于此，先后引进了“三园一岛”，即上海太阳岛国际俱乐部、寻梦园香草农场、泖塔农情园、浦江蓝莓园等企业入驻，形成了以上海太阳岛为依托、沈太路为轴线的观光、旅游新型农业产业链。在引进“三园一岛”的基础上，推进集蓝莓庄园、水上森林、湿地公园、鸟类栖息地等项目为一体的生态园建设，打造上海首家开放式的农村公园，并积极争创国家级“美丽乡村”。张马村美丽乡村创建特色，为青浦区乃至上海市美丽乡村建设提供了可借鉴的示范模板。

（3）推动农村生活污水治理。朱家角镇从2008年开始启动农村生活污水治理，涉及18个村7166户农户。通过建设小型生活处理站及收集生活污水的管道，使污水集中收集、集中排放，改变目前农村生活污水排放间接性、隐蔽性、分散性的三个特点为收集、处理、达标排放，改变污水未经处理随意排入河道的现象，改善因生活污水无序排放所带来水质下降的趋势，并通过科学合理的水资源调度，使水质状况逐步得到明显改善。同时，农村生活污水处理的长效管理机制逐步完善，按照青浦区农村生活污水处理系统管理养护工作手册，委托养护单位对全镇 17 个村的 105 座处理站、199.6 公里管网进行长效管理养护工作。

三、生态旅游型——重庆市长寿区长寿湖镇

1. 乡镇基本特征

长寿湖镇地处长寿区东北角，位于长寿湖畔，距长寿城区 28 公里。镇政府驻地在狮子滩，全镇土地面积 104.5 平方公里，其中耕地面积 2831 公顷，场镇建成区面积 2.8 平方公里。辖 14 个村（居），108 个村（居）民小组。2014 年末，户籍人口 18176 户 50788 人，其中，农村人口 41561 人、非农业人口 9227 人，常住人口 43250 人，人口密度为 486 人 / 平方公里。长寿湖中常年栖息的鸟类有 33 属、42 种，其中水鸟 28 种，数量高达 15600 余只，其中有国家二级保护动物绿头鸭、凤头鸭、斑嘴鸭、秋沙鸭等，还有天鹅、野鸳鸯等珍稀鸟类，珍稀鱼类 10 余种。天然林地 10 万亩，经济林地 2 万亩，有珍贵树种水杉、银杏、月桂等，有地方特色的经果林沙田柚、夏橙、血脐和东山茶叶。

2. 创建主要成效

（1）旅游经济持续向好。2014 年，全镇实现财政收入 1.8 亿元，其中旅游产业直接收入占财政收入比重 76%。人均年收入 11860 元，其中专门从事旅游产业居民人均年收入达到 25004.3 元。政府财政资金和旅游收入中用于特色景观资源保护的资金比例分别为 16.34%、

22.88%。近5年吸引社会和商家直接参与旅游开发和建设项目28个，协议投资250亿元，已实际投入旅游开发和建设资金30亿元。长寿湖景区有专门从事旅游产业的企业3家，专门从事旅游产业的人员500余人，持证导游30人，持证安保人员80人。设有景区医务室，配备医务人员5名。2014年接待游客400万人次（见图11-5）。

图11-5　彩霞下的长寿湖大坝风景区

（2）生态人居环境明显改善。实施长寿湖风景区、集中式饮用水源保护，长寿湖水环境质量由90年代的劣Ⅴ类高度富营养化水质转变为总体Ⅲ类水质。全镇13个行政村实施了农村环境连片整治工程，并建立队伍抓好日常保洁。编制了镇区绿地系统规划编制，强化了绿地建设与管控，全镇建成区绿化覆盖率达25%，绿地率达54.83%，人均公共绿地面积达159.72 m^2，林荫路推广率达100%，全镇古树名木保护率达100%，镇区生活垃圾无害化处理率达100%，实现了污染物排放总量持续下降。

（3）社会成效显著。促进了农民增收，2005年农民人均纯收入3400元，2013年农民人均纯收入10042元。群众生态文明意识增强，自觉遵守环保法律法规，积极投入环境综合整治，保护好饮用水源，破坏生态环境事件明显下降。着力解决群众关心的环保问题，及时处理群众信访投诉，大力为群众办好实事，实施了农村环境整治工程，公众对环境保护的满意度达 100%，促进了社会和谐（见图 11-6）。

图 11-6　长寿湖湖滨公园——百花园

3. 创建经验和亮点

（1）“三大行动”推进生态修复。一是取缔网箱养殖。2002 年开始，长寿湖在全国率先取缔网箱养殖。长寿区各部门紧密配合、通力协作，投入 3000 余万元拆除网箱。截止到 2004 年底，长寿湖湖区内网箱养殖全部拆除。二是开展生态搬迁。近年来，对保护红线以内的工业企业、岛上居民以及饮用水源核心区周边的农户实施了生态搬迁，共生态拆迁 7289.73 亩，拆除房屋 31.78 万平方米，转移安置农民 4800 余人，搬迁企业 8 家，既促进了旅游开发，又解决了搬迁后农民当地化就业的问题。三是实施湖周绿化。以长寿湖自然生态秀美为目标，密植树，广绿化，严管理，打造绿色自然生态屏障。主要绿化水边、岛边、岸边、路边、房边（五边），通过建设水源涵养林、湖滨带、湖荡湿地、生态防护林等，恢复湖滨缓冲区生态。

（2）“六大工程”推进污染防治。一是治理城镇污水。2012 年，投资 2500 万元，新建了长寿湖镇污水处理厂 1 座，污水处理采用 CASS 生化处理工艺，日处理能力 6000 吨。投资 8000 余万元，实施了长寿湖流域场镇污水处理厂收集干管工程，新建网管 30 余公里，长寿湖镇城镇污水全部进入污水管网，污水无害化处理率 100%。二是整治农村环境。从 2009 年至 2012 年，相继投资 1300 余万元，分两批对辖区 13 个行政村实施了农村环境连片整治工程，建成集中式污水处理站 2 个，四格式污水处理池 778 座，农村简易垃圾中转站 1 个，垃圾圈 396 个。三是配备 3T 吊臂式钩车 1 辆，6 立方米垃圾中转箱 35 个，100 升垃圾桶 1502 个，清收垃圾的三轮摩托 15 辆。积极实施农村沼气和改厕项目，借助国家和市级项目，全镇建成沼气池 3000 口，卫生厕所 15296 个，农村卫生厕所普及率达 98%。四是垃圾清扫收运。建立完善了镇域垃圾清扫收运系统，建成大型压缩式垃圾中转站 1 座，实行垃圾密闭运输和分类处置。城镇垃圾采用市场化运行模式，公开采购专业化物业公司进行清扫保洁和垃圾清运。五是治理养殖污染。完善了畜禽养殖发展和污染防治规划，明确了辖内禁养区、限养区、适养区“三区”划定。六是后期运维管理。采取国家、集体、单位共同出资模式，有效解决生态环境建设和后期运维管理的投融资问题，确保了污水处理厂、农村环境保洁等的有效运行。环境监管执法。采取“两完善”实施规范化监管，即完善台账，建立完善了各项监管台账，底细清、情况明；完善制度，做到有章可循。

四、综合发展型——福建省漳州市长泰县岩溪镇

1. 乡镇基本特征

岩溪镇地处长泰县中部，镇域面积 152 平方公里，镇区规划面积

30 平方公里，辖 11 个村、2 个居委会，人口 4.3 万人，镇区人口 2.03 万人。省道 207 穿境而过，福广高速公路在此设有落地互通口，距漳州、厦门均半小时车程，属厦门湾“半小时经济圈”。

该镇自然资源条件优越，属南亚热带气候，冬无严寒，夏无酷暑，雨量充沛，常年平均雨量 1584mm，平均气温 21℃，年日照 2000 小时以上，夏季最高气温 39℃，冬季最低气温 1.3℃，无霜期 313 天，光、热、水、气资源优越，是一个富饶的粮、蔗、林、果之镇，芦柑驰名中外。境内的木材蓄积量居全县之首，是长泰县主要林业生产基地。

2. 创建主要成效

（1）生态产业不断发展。充分发挥自身资源优势，促进农业可持续发展。建立青年果场、五四农场芦柑有机种植示范基地以及 1.5 万亩的蔬菜无公害种植示范基地。建造 2000 亩国家级现代农业产业园区，融入休闲养生农业、农产品深加工等产业。按照节约集约用地原则、建设绿色园区理念，利用低缓坡地建设了万亩岩溪工业集中区，落户 47 家工业企业，年创产值 20 亿元、税收 6000 万元。高规格建设配套设施，完善龙津溪西岸岩溪段 6.8 公里绿道，完善福友生态农场、洋尾芦柑公园等旅游景点配套设施。丰富旅游内涵，依托福友生态农场及“中国慢客村”，打造“闲适、乐活”慢客文化。深入挖掘省级非物质文化遗产——珪塘“三公下水操”，深化“忠、义、勇”爱国主义文化精神。

（2）生态人居不断优化。人均公共绿地面积 15 平方米，主要道路绿化普及率 95% 以上，城镇自来水普及率 100%，农村生活饮用水卫生合格率 92% 以上，生活污水处理率达到 75%；重点工业污染源排放达标率 100%，生活垃圾无害化处理率 100%。

（3）生态环境不断提升。坚持“保护优先、预防为主、防治结合”的方针，森林覆盖率 75%，镇域地表水环境质量保持Ⅱ类标准，大气环境质量保持二级标准以上（见图 11-7）。

（a）创建前　　（b）创建后

图 11-7　岩溪镇镇区生态乡镇创建前后对比

3. 创建经验和亮点

（1）突出特色发展现代农业。该镇已有家庭农场 73 家、农家乐 5 家、垂钓基地 8 处、自助采摘园 7 处、专业合作社 65 家，有机、绿色及无公害产品基地 6 个、面积 3.02 万亩，包括芦柑基地 1.2 万亩、铁线橙基地 0.58 万亩、珪后蔬菜基地 0.86 万亩、石铭芋头基地 0.38 万亩等多种品种基地，有机、绿色及无公害产品比例为 63.3%。

（2）立足长远发展生态工业。认真贯彻《清洁生产促进法》，推行 ISO 14000 环境管理体系认证工作，变末端治理为全程控制，大力推行清洁生产审核制，联合各相关部门，不定期开展石材、造纸等重污染行业专项整治行动，对排放不能稳定达标的企业，责令停产整顿，2014 年规模工业企业废水达标整治全面完成，重点工业污染源排放达标率 100%。

（3）因地制宜发展生态旅游。建设绿水工程，完成4级拦河坝建设，形成480亩平缓水面，3.5万平方米“水树相映”的江滨公园，使其成为群众集休闲、娱乐、健身的好去处。着力发挥青年、五四农场科技化、标准化、规模化的优质芦柑示范基地的优势，建设特色生态芦柑园。启动良岗山生态休闲观光茶园建设，打造茶叶无公害出口生产基地。以“四季花果博览园”为定位，“浪漫香草园”为主题，建设集休闲度假、健身娱乐于一体的生态农场。

第十二章

农村环境综合整治改变乡村面貌

近年来，国家大力实施“以奖促治”政策，深入推进农村环境综合整治，着力解决了一大批农村突出环境问题，推动各地结合实际探索了一些农村环境综合整治的典型做法。

第一节　“以奖促治”政策介绍

一、“以奖促治”政策出台背景

2008年，在全国农村环境保护工作电视电话会议上，时任副总理李克强强调，全国农村生态环境形势总体上仍然比较严峻，农村生活污染、面源污染还相当严重，工业污染、城市污染向农村转移，水土流失、土地沙化、生态功能退化等状况还在发展。这些问题不仅严重影响广大农民群众身体健康，也制约国家的可持续发展。对此，必须高度重视，进一步提高对农村环境保护重要性和紧迫性的认识。为解决农村严重危害农村居民健康、群众反映强烈的突出污染问题，要稳步推进农村环境综合整治，对经过整治污染问题得到解决的村镇，实行“以奖促治”。

为落实好“以奖促治”政策，2008年中央财政设立专项资金，以项目形式支持地方开展农村环境综合整治，一些“问题村”的环境质量有了明显改善。从2010年起，为贯彻国务院领导要求放大政策效果这一指示，原环境保护部、财政部改进资金分配使用方式，联合启动了农村环境集中连片整治示范工作，对农村环境治理实行整村推进、连片整治，共分3批支持了湖北、山东等23个省（区市）开展示范建设，江苏、宁夏两省（区）开展了全省覆盖拉网式集中连片整治，进一步扩大了政策覆盖范围。从2015年起，按照整合财政转移支付有关要求，将农村环境综合整治资金调整列为一般性转移支付，从而为农村环境综合整治工作建立了更加稳定的资金来源。

二、农村环境综合整治成效

近年来，原环境保护部、财政部认真落实党中央、国务院关于农村环境保护工作的决策部署，不断深化“以奖促治”政策，强化组织领导，注重规划引领，加大监督考核，指导和推动各地开展农村环境综合整治。地方各级政府和相关部门创新体制机制，完善政策措施，狠抓项目建设和管理，农村环境综合整治取得明显成效。

一是一大批农村突出环境问题得到解决。截至2015年底，中央财政累计安排农村环保专项资金（农村节能减排资金）315亿元，支持全国7.8万个建制村开展环境综合整治，占全国建制村总数的13%。各地设置饮用水水源防护设施3800多公里，拆除饮用水水源地排污口3400多处；建成生活垃圾收集、转运、处理设施450多万个（辆），生活污水处理设施24.8万套，畜禽养殖污染治理设施14万套，生活垃圾、生活污水和畜禽粪便年处理量分别达2770万吨、7亿吨和3040多万吨，化学需氧量和氨氮年减排量分别达95万吨和7万吨。整治后的村庄环境“脏、乱、差”问题得到有效解决，环境面貌焕然一新。通过实施“以奖促治”政策，带动相关部门和地方加大农村环境整治力度。

二是农村环保体制机制逐步建立。出台了一系列农村环保政策和技术文件，国务院办公厅印发《关于改善农村人居环境的指导意见》，原环境保护部、财政部等部门制定实施全国农村环境综合整治“十二五”、“十三五”规划，《关于加强“以奖促治”农村环境基础设施运行管理的意见》《中央农村节能减排资金使用管理办法》《培育发展农业面源污染治理、农村污水垃圾处理市场主体方案》。原环境保护部发布了有关农村生活污染防治、饮用水水源地环境保护等技术指南和规范。全国2/3以上的省份建立了农村环保工作推进机制，成立领导小组，出台加强农村环境保护的意见，制定规划或实施方案，明确农村环境保护目标任务和措施。在中央财政资金引导下，有关地方按照“渠道不乱、用途不变、统筹安排、形成合力”的原则，整合相关涉农资金，集中投向农村环境整治区域，提高村庄环境整治成效。

三是农村环境监管能力得到提升。基层环保机构和队伍得到加强，2014年全国乡镇环保机构数量2968个，约占全国乡镇总数的10%，比2010年的1892个增加了60%；乡镇环保机构人员11900多人，比2010年的7100多人增加了68%。推进环境监测、执法、宣传“三下乡”。原环境保护部出台了《关于加强农村环境监测工作的指导意见》，开展农村环境质量监测试点工作。开展农村集中式饮用水水源地保护、生活垃圾和污水处理、秸秆焚烧、畜禽养殖污染防治等专项执法检查行动。采取多种形式宣传农村环保政策、工作进展和典型经验，普及农村环保知识，农民环保意识得到提升。

四是农村环保惠农取得积极成效。各地结合农村环境综合整治工作，积极推广化肥农药减量控害增效技术，发展清洁、循环、生态的种养模式，推进农作物秸秆、畜禽粪便等农村有机废弃物综合利用，发展农家乐和乡村旅游，促进了环境保护、农业增产、农民增收的共赢。筛选推广农村环保实用技术，鼓励高校、科研院所、企业参与治理工程设计、项目建设和运行维护，带动了环保产业的发展。农村环境综合整治有力促进了生态乡镇、生态村建设，使示范地区环境质量不断改善，农村经济快速发展，党群关系、干群关系更加融洽。全国已有4590多个国家级生态乡镇，成为当地经济、社会与环境协调发展的典范，夯实了农村生态文明建设的基础。

第二节　农村环境综合整治案例

一、辽宁大伙房水库水源地及周边环境整治

大伙房水库是沈阳、抚顺、鞍山、辽阳、营口、盘锦、大连等辽中南城市群的主要饮用水水源地，受益人口达2300万人。辽宁省高度重视大伙房水库农村环境保护工作，将大伙房水库及输水工程周边地区作为辽宁省农村环境连片整治的重点示范区，组织7个示范市完成了3年连片整治规划和年度项目计划，建立了“统一账户”制度，采取“三个一批”的推进措施，探索了适合北方气候特点的“六大技术模式”，建立健全了大伙房水库饮用水水源保护区环境监管制度。通过农村环境连片整治，减轻对大伙房水库的环境压力，改善水库及周边的环境质量，确保城市人口的饮水安全。具体做法包括：

一是将大伙房水库及输水工程周边地区所涉及的抚顺、本溪、沈阳、鞍山、辽阳、营口和盘锦7个市作为连片整治示范市。对大伙房水库周边地区、主要入库支流流域地区、输水工程水源保护区上游及入库整治区等165个村庄实行生活污水、生活垃圾、畜禽养殖废弃物的连片治理工程。

二是组织7个示范市完成了3年连片整治规划和年度项目计划，明确了示范市的具体示范区域、治理目标、省市资金分担比例、技术

和运行模式、预期成效等。

三是县区政府建立农村环保专户，实行县级财政报账制，报账户只设在县财政局，示范项目资金（中央、省、市、县四级资金）统一从同一个账户内管理，按项目分账核算，在资金拨付工作上严格履行有关审批程序。同时，以改善村庄环境整体水平效果为出发点，整合利用现有涉农资金，支持示范项目配套的建设内容。

四是根据项目所处的区域、重要程度、模式和保证“出成效、出经验、出模式”的原则，采取重点抓“三个一批”的措施，即省里抓一批，市里抓一批，县里抓一批，明确模式、效果、时限，全力推进、强化指导与督查，狠抓示范经验和治理模式，以点带面，推进连片整治示范工作。

五是结合辽宁省北方气候特点，出台了《辽宁省农村环境综合整治示范项目技术指南》（辽环发〔2010〕4号），形成了“六大”模式：一是生活垃圾村收集—镇转运—县处理的城乡一体化模式；二是生活垃圾分类—制燃气、沼气的就地处理和资源化模式；三是发达集镇（中心村）的污水集中处理模式，农村与城市共用污水处理厂；四是分散村屯生活污水排放系统（边沟）加氧化塘处理模式；五是畜禽粪便大型沼气资源化利用模式；六是畜禽粪便区域有机肥厂处理模式。

六是落实各级政府农村环境保护责任，省政府办印发了《辽宁省农村环境综合整治目标责任制工作实施方案》，省环保厅印发了《辽宁省农村环境综合整治目标责任制考核办法（试行）》，层层落实，明确责任。下发了《辽宁省农村环境连片整治项目验收办法（试行）》（辽环发〔2011〕47号），对验收内容、验收组织、验收程序、验收评价、奖惩等进行了规范。

七是颁布了《辽宁省大伙房饮用水水源保护区环境监察（暂行）办法》，规范了大伙房饮用水水源地环境监察执法工作；2012 年，由辽宁省环保厅牵头，正式启动了“大伙房饮用水水源保护区高风险污染源企业环境整治专项行动”；全面提高环境准入标准，对农村地区相关隐患企业进行搬迁，对水源地实施隔离工作；利用 6 个自动监测站 24 小时监测大伙房水库水质；各示范市、县（市）成立专门机构，所辖乡（镇）成立了乡（镇）环保专（兼）职机构。

二、浙江桐庐“整县推进”农村环境综合整治模式

桐庐县委、县政府按照“污水净化、村庄绿化、环境美化”的三大目标，充分整合各类新农村建设项目和资金以及各部门的人力、物力、资金等资源，形成了农村连片整治组织领导的“两驾马车”，实施“清洁桐庐”活动，建立环境监督员队伍和考核奖惩制度，以“四强化”保障项目实施质量，开展“清风拂乡村”“寻访清洁户”等宣传教育活动，大力推进县域农村环境连片整治工作，实现了农村环境综合整治“整县推进”。具体做法包括：

一是以农村生活污水治理和农村生活垃圾处置为工作重点，充分整合各类新农村建设项目和资金以及各部门的人力、物力、资金等资源，推进农村环境连片整治。形成了农村连片整治组织领导的“两驾马车”，即由县政府主要领导任组长、分管领导任副组长、相关部门主要负责人为成员的农村生活污水治理工作领导小组；由县委书记、县长为组长、县四套班子分管领导为副组长的“清洁桐庐”三年行动领导小组。县政府与镇（街道）签订了目标责任书，建立了乡镇（街道）

“一把手”负总责的工作机制，科学制定年度计划，全力组织实施。

二是各村建立农村环卫保洁员队伍和由群众团体组成的“清洁桐庐”监督员队伍，形成全县“上下贯通、横向到边、纵向到底”的组织网络，基本实现了农村卫生保洁精细化、常态化、规范化。积极开展各级卫生村、文明村创建，开展“最清洁村”“清洁庭院”“清洁户”评选活动，对当年各级卫生村、文明村以及县级“最清洁村”给予奖励。

三是制定出台了《“清洁桐庐”三年行动计划实施意见》《“清洁桐庐”三年行动计划考核办法》等文件，明确农村卫生保洁实行县乡级 1∶1 配套 60 元 / 人·年专项补助。实行“清洁桐庐”活动考核督察制度，将“清洁桐庐”工作纳入乡镇、部门综合考评，考评结果与乡镇奖励补助资金挂钩，对部门实施倒扣分制度。

四是以“四强化”保障项目质量，即强化技术培训，遵循“试点先行、以点带面、全面铺开”原则，以样板工程、解剖池、立体模型为载体，以组织乡镇分管领导、行政村主要负责人、农村建筑工匠等多层面的技术培训为手段，确保技术推广不走形，不变样；强化招投标管理，按照“特事特办、急事急办、手续照办”的要求，规范运作方式，缩短审批环节，确保项目早开工、早投产、早见效；强化整改落实，注重过程与验收环节的管理，对于未能达到技术标准要求的工程，下达书面整改通知，督促实施主体限期整改，验收合格后方可下拨补助资金；强化督促检查，以明察暗访、实地抽查、定期通报、考核排位等多种方式，加强对环境整治时效性检验，进一步巩固环境整治的成果。

五是有针对性采取措施，破解土地、资金、纳管等瓶颈问题。充分利用闲置地、夹缝地等进行污水处理设施的建设，进一步缓解用地矛盾，有效破解“用地难”；积极拓宽投入渠道，以工程质量和实效为保障，通过“上级补一点、财政出一点、乡镇贴一点”的思路，有效破解“资金难”；严格按照“有利于加快治理进度、有利于发挥治理实效、有利于赢得群众支持”三个有利于要求，委托资质公司设计，科学推进截污纳管工作，有效破解“纳管难”。

六是通过悬挂横幅、发放倡议书、签订“门前三包”责任状、出动宣传车等形式，使农村环境连片整治工作家喻户晓。开展“清风拂乡村”“寻访清洁户”等活动，从正面引导老百姓逐步养成文明卫生的生活习惯。

三、宁夏统筹农村环境综合整治与生态移民新村建设

宁夏回族自治区将农村环境综合整治与中南部地区35万生态移民新村建设工程有机结合，成立了以自治区主席为组长、14个部门为成员单位的农村环境连片整治示范工作领导小组，层层签订了目标责任书，建立了“塔型”目标责任工作体系，各项涉农资金以项目捆绑的方式，集中投向试点示范项目区，充分发挥财政资金的规模效应和杠杆效应，成立了4个专家技术组，制定出台了9项制度和6个宁夏地方农村环保技术规范，统一设计了农村环保标识，在宁夏广电总台开辟“农村环境连片整治惠民生”专栏，加大宣传力度。具体做法包括：

一是自治区党委、政府高起点定位，专门成立了以自治区主席为组长、自治区党委副书记和自治区常务副主席为副组长、环保、财政、发改、建设、农牧、水利等14个部门为成员单位的农村环境连片整治示范工作领导小组，统筹研究部署农村环境连片整治和中南部地区生态移民工作。

二是宁夏回族自治区政府制定了《宁夏中南部地区“十二五”生态移民规划》，积极履行公共财政职能，通过规划引导、创新资金模式、规范预算编制、强化政策保障、严格执行进度等多种手段，把生态移民与新农村建设、农村环境综合整治工作相结合，既解决了突出环境问题，也改善了民生。

三是通过生态移民新村建设，积极整合道路、供水、排水、沼气、电力、电信、绿化等各项涉农资金，以项目捆绑的方式，集中投向试点示范项目区，充分发挥财政资金的规模效应和杠杆效应。农村环境连片整治 3.5 亿元的地方配套资金全部由自治区级财政承担，按工程进度予以下达，减轻了市、县及乡镇的资金压力，保证了项目质量和进度。

四是在项目实施过程中，强化项目、资金进度，质量的控制。还成立了 4 个专家技术组，制定出台了《宁夏农村环境连片整治项目管理暂行办法》《宁夏农村环境连片整治项目专项资金管理暂行办法》《宁夏农村环境连片整治项目监督检查暂行办法》等九项制度，从项目管理、资金管理、监督检查、招标投标、项目变更、工程监理、档案管理、竣工验收、绩效考评考核等方面规范了农村环境连片整治项目建设。

五是与有关科研院所专家建立技术合作关系，制定出台了《宁夏农村生活污水排放标准》《宁夏农村生活污水处理技术规范》《宁夏农村生活垃圾处理技术规范》《宁夏农村畜禽养殖污染防治技术规范》等 6 个宁夏地方标准规范，填补了宁夏农村环境技术规范的空白。

六是统一设计了农村水源地保护、畜禽养殖污染治理、农村污水处理、垃圾收集处理 4 个标志。自治区农村环境连片整治项目办专门在宁夏广电总台开辟“农村环境连片整治惠民生”专栏，每周在重要时段向社会播报 2 期项目组织实施情况，同时依托宁夏环保网开通了农村环境连片整治示范项目网页，及时发布示范工作进展情况。

四、江苏环太湖地区农村环境综合整治

为改善太湖流域整体环境，建设社会主义新农村，江苏省将环太湖地区列为农村环境连片整治示范区域，全面推行目标管理责任制度，对主要入湖河流建立“双河长”制，优化、细化，科学论证工程技术方案，构建太湖流域统一的水环境监测体系，加强农村实用技术推广应用，对流域内畜禽养殖业进行分区管理，建立新型的面源氮磷流失生态拦截系统，促进了流域水环境逐步改善。具体做法包括：

一是在太湖流域水环境综合治理中全面推行目标管理责任制度，由省政府与各成员单位签订目标责任书，治污工作完成情况列入各部门行政效能考核和领导干部工作实绩考核内容。落实江苏省政府对主要入湖河流建立“双河长”制的重要措施，加强省级领导和部门与地方领导及部门的通力合作，对 15 条主要入湖河流进行重点治理，做到“规划、项目、资金、责任”四落实。市、县（区）政府也要根据治湖先治河的要求，对辖区内的河流或河浜建立“河长责任制”。

二是对实施方案确定的建设项目，各地、各有关部门进一步优化、细化，科学论证工程技术方案，落实农村环境综合整治项目建设资金，加强工程质量和工程进度的监督管理。每年对流域重点治污项目实施、水质改善、排污总量和环境管理等情况进行监督评估。重点治污项目建成后，要组织开展后评价。

三是按照统一的水环境监测规范，统一标准、统一布点、统一方法和统一发布，建设流域水环境监测体系，实现资源共享。在国家整体监测体系框架下，构建太湖流域统一的水环境监测体系，建设省级水环境监测信息共享平台。

四是通过先进的技术手段解决太湖治理实际过程中存在的治理难点及重大问题，加强农村环保科技成果的推广与应用、重点项目技术攻关和水专项已有成果的推广应用。根据太湖流域水环境综合治理的总体目标，围绕当前太湖流域水污染治理需求，选择一批技术成熟、治理效果好、有推广基础、能够落实的农村环保技术，作为综合治理的重要技术推广应用，提高太湖水污染治理水平。

五是对流域内畜禽养殖业进行科学规划、合理布局、分区管理，划定畜禽禁养区、限制养殖区和适度养殖区。按照“减量化、无害化、资源化、生态化”要求，提高畜禽养殖污染治理的技术水平，推进农牧结合，逐步建立和完善农业产业结构的可持续循环生态链。根据养殖场的不同规模，选取适合的养殖方法，大中型规模畜禽养殖场建设“三改两分再利用”治理工程，中小型畜禽养殖场大力推广发酵床生态养殖技术。

六是建立新型的面源氮磷流失生态拦截系统，实施生态田埂、生态沟渠、旱地系统生态隔离带、生态型湿地处理以及农区自然塘池缓冲与截留等生态拦截工程，拦截吸附氮磷污染物，大幅削减面源污染物对水体直接排放。

第十三章

传统村落保护与发展

传统村落在我国广大农村中具有特殊地位。传统村落承载着中华传统文化的精华，是农耕文明不可再生的文化遗产。本章简要介绍保护传统村落的重要意义及做法进展，并辅以案例，以期大家在绿色乡村的建设中，更注重文化的保护与传承，留住乡愁。

一、保护传统村落的重要意义

1. 传统村落的定义

传统村落是指村落形成较早，拥有较丰富的传统资源，具有一定历史、文化、科学、艺术、社会、经济价值，应予以保护的村落。一般来说，传统村落具有如下一些特点：

一是历史文化积淀较为深厚。村落在历史上曾经作为政治、经济、文化、交通中心或者军事要地；或与重要历史名人以及曾经发生过的重要历史事件有关；村落蕴含深厚的儒家思想、道家思想、宗亲文化、传统美德和人文精神等，能够集中反映本地区的地域或民族特色。

二是选址格局肌理保存较完整。村落延续传统选址，顺应自然山水，延续历史文脉，具有传统特色和地方代表性。村落空间结构、格局肌理融入自然环境，延续传统格局，整体风貌协调。村落格局与生产生活密切相关，反映特定历史文化背景。

三是传统建筑具有一定保护价值。村落中文物古迹、历史建筑、传统建筑分布集中连片，能够较完整体现一定历史时期的传统风貌。

历史建筑、传统建筑历史悠久、建筑精美、保存完整。

四是非物质文化遗产传承良好。村落中拥有较为丰富的非物质文化遗产资源，拥有省级以上非物质文化遗产代表性项目，传承良好，至今仍以活态延续，与村庄依存度较高。村落经常举办民俗活动，内容丰富。

2. 保护传统村落的重要意义

传统村落承载着中华传统文化的精华，是农耕文明不可再生的文化遗产；凝聚着中华民族精神，是维系华夏子孙文化认同的纽带；保留着民族文化的多样性，是繁荣发展民族文化的根基。

新时期加强传统村落保护发展，保护和传承前人留下的历史文化遗产，有利于增强国家和民族的文化自信，有利于保持中华文化的完整多样，有利于促进农村经济、社会、文化的协调可持续发展。

二、传统村落保护进展

一是建立了各级保护名录。自 2012 年住房城乡建设部启动传统村落保护工作以来，保护工作取得初步成效。经过四次全国性的调查认定，已将 4153 个具有重要保护价值的村落列入中国传统村落名录，形成了世界上规模最大的农耕文明遗产保护群。

二是大量濒危遗产得到抢救性保护。大部分列入国家级保护名录村落中的传统公共建筑得到保护修缮，大批国家级非遗代表项目得到很好传承。

三是建立了基本的保护机制和人才队伍。

四是村落人居环境得到较大改善，激活了村落的内源性发展动力，可持续发展能力得到强化，社会保护意识和积极性空前高涨。

三、传统村落的保护对象

1. 传统文化

一是非物质文化遗产代表性项目。由各级政府认定的非物质文化代表性项目，包括具有较明显的地区或民族特点的非物质文化，及其所依托的场所和建筑、用具实物，有关活动场所和路线，以及了解相关知识的匠人、手工艺者等。

二是村落的历史资料。村落迁徙历史、建村过程；主要历史人物、历史事件；趣事逸闻、掌故传说；与村落相关的志书、族谱、碑刻、题记、信件、地契、匾联、历史舆图、吟咏、描述村落风物的古代诗词、游记、老照片等历史文献；较重要的村规民约等。

三是传统的生活内容。包括各种节庆、祭祀活动的祭祀对象、祭品种类、祭祀场所、祭祀活动内容；村落婚丧嫁娶等的习俗；音乐、舞蹈、诗歌、书画、剪纸、杂技、游艺等活动；传统的衣食住行用具用品等。

四是传统生产方式。包括农林牧渔等生产、传统手工艺等在内的生产方式及其场所、用具；商业或集市的分布、形态、规模、辐射范围、主要交易商品等。

2. 自然环境

一是生态环境。村域范围内土壤、水、大气的质量，动植物种类及生存状态等构成村落的生态背景的内容。

二是村落选址有关的要素。与村落选址有关的山形水系、地形地貌等，以及传统堪舆学说中的要素如来龙、靠山、案山、朝山、风水林、水口等要素。

三是自然景观。构成村落传统风貌特征的主要自然植被、农业景观如一定规模的特色种植等的种类与分布等。

3. 建构筑物

一是村落整体的格局风貌。村落传统建成区的范围、轮廓；主要街巷河道分布、形态以及沿途主要空间和景观节点；主要公共空间的功能、位置、形态、规模；村落主要视点上的天际线等。

二是传统建筑。包括各级文物保护单位，由县级以上政府认定挂牌的历史建筑，按照传统的传统风貌、材料工艺建造的传统风貌建筑，以及古建筑物的遗迹、遗址等。

三是历史环境要素。构成村落传统风貌特征的井泉沟渠、壕沟寨墙、堤坝涵洞、石阶铺地、码头驳岸、碑幢刻石、庭院园林、古树名木以及传统产业遗存、历史上建造的用于生产、消防、防盗、防御的特殊设施或者其他有意义的历史印记等。

四、传统村落的保护方式

1. 调查研究村落的价值和特征

通过各种专业，如规划、建筑、民俗、社会学等的配合，系统地、具体地把村落的历史文化价值、科学艺术价值、社会情感价值研究清楚，通过比较分析把村落传统文化、自然环境、建筑特征等的特征分析清楚，这样才能比较明确地知道应该保护什么、修复什么、提升什么，这样才能在明确的指引下事半功倍地展开各项工作。

2. 列出保护对象

把需要保护的对象及其要保护的价值和特征一一列出并公示，具体到一座山峰、一棵古树、一栋民居、一处水井等，而不是笼统地说要保护自然环境、传统民居等等，所有的保护对象均应以设立保护标志或挂牌，明示公众。

3. 提出保护措施

一是划定保护区划。传统格局和历史风貌较为完整、传统建筑集中成片的地区应划为核心保护范围；核心保护范围之外，与村落特征有直接关联的自然景观、零散资源亦应划定相应的保护范围，必要时还应划定建设控制区。保护区划的边界应清晰、肯定，便于理解与管理，并在各范围边界的关键点应设立明显的界桩和标志。保护区划的划定应科学合理，既能有效实现对各项资源的保护，又具有实际的可操作性。

二是制订保护管理规定。为核心保护范围、建设控制地带等保护区划范围制订具有针对性的保护、管理、控制规定，并尽量纳入村规民约，共同遵守。

三是建立保护管理机制。建立健全保护管理机制，鼓励村民和公众参与。加强建设管理。规划区内新建、修缮和改造等建设活动，要经乡镇人民政府初审后报县级住房城乡建设部门同意，并取得乡村建设规划许可，涉及文物保护单位的应征得文物行政部门的同意。涉及文物保护单位区划内相关建设及文物迁移的，应依法履行报批手续。传统建筑工匠应持证上岗。

四是保护修复自然生态环境。对生态遭到破坏的山体、河道、植被等进行生态修复；对自然景观环境造成不利影响的因素采取整治、改造或拆除措施，拆除后应进行生态修复。

五是保护整治传统格局与整体风貌 。村庄建设不能无序蔓延、新建区应与核心区有景观隔离或缓冲措施。维持各街巷河道的分布、走向、宽度、空间节点等不得改变；保护街巷河道的传统风貌，包括其界面、铺装材质与形式等。河道治理时，应保持原有驳岸、古桥、码头等历史环境要素，不应裁弯取直、硬化河岸，确实需要新建的驳岸、桥梁、码头等应尽量采用传统形式和材料，道路河道两岸建构筑物的高度、形式、风貌及沿河两岸设置的各种设施等应与景观保持协调。维持公共空间的传统形态与功能采用分散的、小规模的、多样化的开放空间形式。公共空间内建筑小品的布设在风格、材质、色调、体量等方面应与周围环境协调。维持村落主要天际线。

六是保护、修缮传统建构筑物。文物保护单位按照《文物保护法》要求保护。历史建筑和建议历史建筑按照《历史文化名城名镇名村保护条例》要求进行保护并改善设施。传统风貌建筑在不改变外观风貌的前提下，根据实际要求采取维护、修缮、整治等措施并改善设施。其他建筑根据对村落风貌的影响程度，分采取保留、整治、改造等措施。

七是保护传统文化。对非物质文化遗产代表性项目的传承人、具有传统技能的工匠、手工艺者等予以政策上、资金上的支持。对非物质文化遗产的传承场所，包括活动的主要路线、建筑、空间进行保护，不应随意占用、变更。对于需要相关原材料进行传承的非物质文化遗产，应对保证相关原材料的生产、制作、储存等提出相应的规划措施，以保障传统的材料、工艺能够继续传承。为开展非物质文化遗产的整理、研究、学术交流和非物质文化遗产代表性项目的宣传、展示，必要时应结合非物质文化遗产传承场所及对有关实物进行保护的要求，在适当地点设立非物质文化传承场所或展陈设施。

八是加强宣传教育。组织村民进行长期的宣传与教育，使其能了解村落的价值，明确保护的对象和要求，调动其积极参与村落保护的积极性，并掌握一定的保护技能。通过各种形式向社会大众宣传普及传统村落的价值特色等。所有宣传与教育的内容，均应建立在分析研究的基础之上，避免以错误的信息误导村民和大众。应根据不同层次的需要制作相应的宣传与教育材料。

五、传统村落的发展

1. 发展的目标要清晰

传统村落的核心价值在于存续和弘扬优秀文化基因，发展目标应以此为核心。传统村落的旅游只是发挥其价值的手段之一而不是唯一，不能为媚合一段时期内某些低层次的旅游需求而损害传统村落的核心价值。传统村落旅游应以其价值传播和发挥为出发点，以乡土教育为重要内容，努力通过旅游这种外来刺激，服务于重启村落内源发展动力，再建村落文化共同体、传承延续优秀文化的目标。传统村落的发展，必须聚焦在对其中蕴含的优秀传统进行挖掘、留存、延续、完善和提升，进而发扬其在当代建设中的各种作用。发展绝不止是对传统村落现有价值的利用，更重要的是延展、提升和创造它的新价值。

2. 发展的途径要科学

在对村落发展环境及现状分析与研究的基础上，明确传统村落发展的定位与方向，提出资源利用、产业发展的途径与措施；积极挖掘社会、情感价值，延续和拓展使用功能。挖掘历史科学艺术价值，开展研究和教育实践活动。挖掘经济价值，发展传统特色产业和旅游。正确处理传统村落保护和发展之间的关系，深入挖掘和发挥传统文化遗产资源价值，在延续传统生产生活方式的基础上，适度发展特色产业，增加村民收入。避免无序和盲目建设，禁止大拆大建。

3. 发展的手段要实际

一是改善民生为优先。基础设施和公共环境。整治和完善村内道路、供水、垃圾和污水治理等基础设施。完善消防、防灾避险等必要的安全设施。整治文化遗产周边、公共场地、河塘沟渠等公共环境。正确处理传统村落保护和村民改善生活意愿之间的关系，在符合保护规划要求的前提下，优先安排传统村落的基础设施和公共服务设施建设项目，积极引导居民开展传统建筑节能改造和功能提升，改善居住条件，提高人居环境品质。

二是提升老房。改善结构和材料的稳定性和整体性，增加抗震设计。改善建筑的防火性能。增加防潮和通风构造。改善建筑的卫生条件。增加厨房和卫生间等现代化设施。通过改变布局增加住房的私密性和舒适度。改善建筑的通风采光性能。改善屋顶的防水隔热性能。

三是引导新建。每个村落应以本村住宅的历史演变、历史建筑和传统建筑的讨论为基础。引导应具有较强的可操作性，可做和禁止的事项应明确。尽量维持传统建筑的原始布局、结构和外观。必须要进行改变的，优先采用传统的材料和工艺，其薄弱部分可以通过现代技术手段进行改良。应延续传统建筑的生态可循环设计理念。

景观设计应遵循乡土景观设计原则，不能按照大园林、大公园的方法来设计。道路铺装应采用本地传统材料和样式，避免使用混凝土路面、花纹地砖等材料。水道等堤岸设计应使用当地的乡土材料和植物。为防洪需要必须采用钢混结构的，应采取措施避免水泥等现代材料外露。用于景观的植物应采用地方品种，以防造成外来物种入侵和混淆地方特色。

六、云南省沙溪寺登村的保护实例

1. 沙溪寺登村概况

寺登村隶属云南省剑川县沙溪镇，属于坝区。位于滇西北横断山脉，海拔2100米，居民400余户，以农业为主。原是茶马古道上的重镇，后来逐渐衰落，是茶马古道上唯一幸存的古集市，具有多元文化，传统建筑保留较多，有完整无缺的戏院、旅馆、寺庙、寨门，田园风光优美，民族文化氛围浓厚。但是，也存在交通闭塞、产业单一、经济落后、建筑年久失修等问题。

2. 保护的主要做法

一是以规划为核心手段。将文化遗产保护作为重要内容整合到社会与经济发展的体系之中。沙溪复兴工程分为三个层次。第一是寺登街核心区文化遗产的保护。第二是寺登街核心文化遗产所依托的环境，包括古村落以及古村落继续发展的区域。第三是整个坝区，这是古村落的背景，只有优美的自然景观才更衬托出古村落的古朴。在保护坝区自然风貌的同时，促进其他潜力产业的发展，为长远的可持续发展提供可能。

二是完善基础设施。现代生活条件的缺失将逐渐驱逐居住于古村落内的居民，古村落也会因此消亡。所以改善古村落内的基础设施势在必行。包括电力系统的完善，排水系统的改造，通信设施的升级，街巷的道路修缮等。值得一提的是改厕。沙溪农村传统的旱厕气味恶劣，蚊蝇滋生，并且极易造成地下水的污染，进而影响人体健康。工程引进新型旱厕，造价低，无污染，无臭味，而且粪尿在无害化处理后用作有机肥。

三是以生态旅游为启动点。寺登村引入了专门针对美国高中生和大学低年级学生的中国文化培训项目，每年两期，他们直接住在农户家中，与农户同吃、同住、同劳动。美国学生深入体会和了解中国的乡村文化和生活，农户获得经济和观念上的收获。这种深层次的旅游形式对于旅游者和旅游地各有裨益，走出了单纯以利益为驱动的模式。

四是因地制宜实现文化遗产的保护。沙溪复兴工程与沙溪的现实条件相结合，因地制宜确定修复方法，与当地工匠一起合作，挖掘和传承地方工艺，最大限度取得文化遗产价值、历史信息、工艺水平、资金预算、合理利用等方面的协调。同时，注重非物质文化遗产的保护，寺登街的存在与白族文化息息相关，沙溪复兴工程专门设立了脱贫与地方文化保护项目，目的是全面和完整地保存白族文化。

3. 主要成效

通过近 10 年的努力，寺登村的文化遗产得到有效保护，满足现代生活需求的基础设施基本具备，社会影响力逐步扩大，当地发展机会显著增加。现在的寺登村和 10 年前相比：常住人口从 1800 余人增加到 2000 余人，产业从单纯的农业向多种发展，人均年收入从不足 1800 元增加到 8000 余元，游客人数从零星游客增加到 6 万人次。

结语

习近平总书记在党的十九大报告中指出，实施乡村振兴战略，坚持农业农村优先发展，按照产业兴旺、生态宜居、乡风文明、治理有效、生活富裕的总要求，建立健全城乡融合发展体制机制和政策体系，加快推进农业农村现代化。实施乡村振兴战略，建设绿色乡村，需要注意以下几个方面。

一是发挥农民群众的主体作用。“三农”问题的核心是农民，绿色乡村建设最大的受益者是农民，要充分尊重农民意愿，和群众商量。无论是乡村的规划，还是基础设施的建设，以及后期的运营维护，都要保证群众的充分参与，发挥农民的聪明才智，以农民为主体，考虑他们的需要和诉求，对于不能满足的需求，也要给予引导，做好解释说明，最大限度获得群众的支持。

二是加强农村基层党组织建设。党的十九大报告强调：“要以提升组织力为重点，突出政治功能，把企业、农村、机关、学校、科研院所、街道社区、社会组织等基层党组织建设成为宣传党的主张、贯彻党的决定、领导基层治理、团结动员群众、推动改革发展的坚强战斗堡垒。”因此，要抓好农村基层服务型党组织建设，建强乡村振兴的堡垒，培养更多更好的领头雁和带头人，通过他们联系群众、凝聚群众、服务群众，强力推进绿色乡村建设。按照政治素质好、带领能力强、服务能力强的标准，选优配强村级领导班子，通过他们率先垂范、示范带动，开创乡村振兴的崭新局面。例如，河南省信阳市郝堂村，原村支书胡静在郝堂村的建设中就起到了至关重要的作用。没资金，她自己出面去借钱；村民不理解，她一个个挨家挨户走访说服。正是有了她的“担当”和“为人民服务”的情怀，才能排除万难，既建设了一个美丽乡村，又带领农民走上了富裕之路，守住了乡愁，留住了绿水青山，换来了金山银山。

三是做好村庄规划。随着城镇化进程的加快，集中居住点的大面积建设，村庄规划的重要性日益凸显。在规划中要充分考虑城镇化速度，对于规划保留村庄，要避免大拆大建，避免按照统一模式建造新居，生搬硬套，千篇一律，丧失了原来的地域特色。通过完善通信、供电、供水、排水、供气、环卫等市政基础设施和道路交通设施，以及文教、医疗等公益性服务设施，实现设施“城市化”；着力保护具有传统特色和风貌的自然村落，鼓励乡村改造地方化、风貌化发展，促进景观“乡村化”。村庄规划不是使农村更像城市，而是使农村成为现代化新农村。村庄建设和农宅建设要适度超前，不仅可以改善农村居民的生活条件，更可以促进农村经济的进一步发展。

参考文献

[1] 赵由才. 生活垃圾处理与资源化[M]. 北京：化学工业出版社，2016.

[2] 李栋. 我国农村生活垃圾处理现状及其发展趋势[J]. 科技视界，2016（7）：262-263.

[3] 何品晶，张春燕，杨娜，等. 我国村镇生活垃圾处理现状与技术路线探讨[J]. 农业环境科学学报，2010，29（11）：2049-2054.

[4] 环境保护部. 村镇生活污染防治最佳可行技术指南（试行）（HJ-BAT-9）[Z]. 2013-7-17.

[5] 江苏省环境保护厅. 江苏省农村生活污水处理实用技术汇编[Z]. 2014-4.

[6] 宁夏回族自治区环境保护厅. 宁夏回族自治区农村生活污水处理技术指南[Z]. 2012-8-1.

[7] 环境保护部. 农村生活污水处理项目建设与投资指南[Z]. 2013-11-1.

[8] 浙江省环境保护厅. 浙江省农村生活污水处理工程技术规范[Z]. 2011-6-1.

[9] 环境保护部. 农村生活垃圾分类、收运和处理项目建设与投资指南[Z]. 2013-11-11.

[10] 环境保护部. 农村环境连片整治技术指南（HJ2031−2013）——农村生活污水垃圾连片整治技术模式选取[Z]. 2013−7−17.

[11] 广西壮族自治区住房和城乡建设厅. 广西农村生活垃圾处理实践案例选编[Z]. 2013−9−3.

[12] 安徽省住房和城乡建设厅. 安徽省农村生活垃圾处理技术指南（试行）[Z]. 2013−9.

[13] 华南农业大学学报社会科学版. 把农村建设得更像“农村”——河南郝堂村2016（4）.

[14] 黄印武. 剑川沙溪复兴工程的做法与经验——浅谈文化遗产保护的可持续性. 云南省首届文化遗产保护与经济社会发展论坛论文集. 云南科技出版社，2011.

[15] 环境保护部财政部. 全国农村环境综合整治“十三五”规划. 2017.

[16] 住房城乡建设部. 关于推广金华市农村生活垃圾分类和资源化利用经验的通知. 2016.